ROBBENFÄNGER
IM BERINGMEER
(1893)

KRIEGSBERICHTERSTATTER
IN KOREA UND JAPAN
(1904)

REISE DER *SNARK*
DURCH MELANESIEN
(1908)

AUFENTHALT IN AUSTRALIEN
UND TASMANIEN
(1908 – 1909)

DIE VIELEN LEBEN DES JACK LONDON

DIE VIELEN LEBEN DES JACK LONDON

MICHEL VIOTTE

IN ZUSAMMENARBEIT MIT NOËL MAUBERRET

AUS DEM FRANZÖSISCHEN VON ANNEGRET HUNKE-WORMSER

KNESEBECK   arte EDITIONS

↑
Der Maler Xavier Martinez malt
ein Porträt seines Freundes
Jack London. Wake Robin
Lodge, 1905. Dieses Gemälde
ging während des Erdbebens
von 1906 in San Francisco
verloren.

VORWORT

Jack London (1876–1916), der Verfasser der Romane *The Call of the Wild*, *White Fang* und *Martin Eden*, war der berühmteste Schriftsteller seiner Zeit. Seine Romane und Erzählungen sind von seinem eigenen bewegten Leben inspiriert, und so wurde er zu Beginn des 20. Jahrhunderts zum Symbol für Abenteuer und Wagemut.

»Tag für Tag verspürte ich den Wunsch, die Welt jenseits des Horizonts zu entdecken.«[1]

In jungen Jahren war er besessen von dem Wunsch, erfolgreich zu sein, und er war sein Leben lang bestrebt zu erforschen, zu entdecken und zu erleben. Er war nicht nur Vagabund, Goldsucher in den unberührten Weiten des hohen Nordens, Seemann und Forschungsreisender in den Archipelen Polynesiens und Melanesiens, sondern auch Farmer, Kriegsberichterstatter und leidenschaftlicher Sozialist.

Jack wurde in einer Zeit geboren, in der sich die Eroberung des Westens dem Ende näherte. Er war Zeuge der bahnbrechenden Veränderungen in einem Amerika, das am Anfang der Moderne stand, und lebte mit atemberaubender Geschwindigkeit. Leben und Werk Jack Londons sind untrennbar miteinander verbunden und einmalig in ihrer Intensität. In all seinen Werken scheint Jack London die Frage nach unserem Überleben zu stellen – sei es in einer unberührten und feindseligen Natur oder in unseren angeblich »zivilisierten« kapitalistischen Gesellschaften, in denen die Schwächsten und Ärmsten rücksichtslos ausgebeutet werden.

Nach seinem Tod im Alter von 40 Jahren wurde Jack London zum meistgelesenen Schriftsteller der Welt. Er hinterließ mehr als 50 Werke, Dutzende Zeitungsartikel und Tausende Fotos. Bis heute ist er eine wunderbare Inspirationsquelle und ein Vorbild für Willenskraft und Mut. Das bringt er kurz vor seinem Tod mit folgendem Credo selbst noch einmal zum Ausdruck:

»Ich wäre lieber ein prächtiger Meteor, von dem jedes einzelne Atom in herrlichem Glanz erstrahlte, als ein schlafender Planet. Die eigentliche Bestimmung des Menschen besteht darin zu leben, nicht zu existieren. Ich werde meine Tage nicht mit dem Versuch vergeuden, mein Leben zu verlängern. Ich will die ganze Zeit über brennen.«[2]

↑
Jack London, 1909

→
Jack London, fotografiert im
Studio von Arnold Genthe,
zwischen 1900 und 1902.
»Jack Londons Gesicht
zeichnete sich durch eine
ergreifende Sensibilität aus.
Seine Augen waren die eines
Träumers und er strahlte eine
fast feminine Melancholie
aus. Dennoch vermittelte
er den Eindruck, körperlich
unbesiegbar zu sein.«[3]
(Arnold Genthe)

↓
Folgende Seite:
Jack London auf seinem
Segelboot, der *Roamer*,
zwischen 1910 und 1913

1876 — 1893

IN DER BUCHT

VON SAN FRANCISCO

Zu Jack Londons Lebzeiten war in den noch jungen Vereinigten Staaten von Amerika der Prozess der Industrialisierung und des technischen Fortschritts in vollem Gange. Als er am 12. Januar 1876 geboren wird, sind die Vereinigten Staaten gerade mal 100 Jahre alt. Im selben Jahr metzelt ein Bündnis aus Sioux und Cheyennes das 7. Kavallerieregiment General Custers in der Schlacht am Little Big Horn nieder, und Wild Bill Hickcok wird in einem Saloon in Deadwood, Dakota, ermordet. Die Eroberung des Westens mit ihren vielen blutigen Kriegen neigt sich dem Ende zu: Bald würden alle Indianer in Reservaten leben und die berühmtesten Überlebenden dieser heroischen Zeiten als Schausteller in Massenspektakeln wie der *Buffalo Bill Wild West Show* ihr Dasein fristen.

Millionen europäischer Einwanderer strömen ins Land, und Großstädte wie New York, Boston und Chicago erfahren eine nie dagewesene Entwicklung. Imposante Wolkenkratzer und elektrische Straßenbahnen bestimmen nun das Stadtbild, und neue

>>**Meine Umgebung war grob, roh und rauh; mein Platz in der Gesellschaft war ganz unten. Dort bot das Leben nichts als Schmutz und Armut für Körper und Geist; denn hier wurden Körper und Geist gleichermaßen ausgehungert und gequält.**<<[1]

←
Der Hafen von San Francisco, Ende des 19. Jahrhunderts

↑
Die Oakland Street, Ende des 19. Jahrhunderts

Eisenbahnlinien im ganzen Land revolutionieren den Personen- und Güterverkehr. Dieser rasante Aufschwung fördert den Reichtum der großen Konzerne und Finanzgruppen, stürzt aber Millionen von Amerikanern, die von diesem System ausgebeutet und von den Auswirkungen mehrerer Börsenkräche mit voller Wucht getroffen werden, in die Armut.

Jack wächst an der Westküste in den Armenvierteln San Franciscos auf. Kalifornien wird kurz nach dem Goldrausch um 1849 als Bundesstaat in die USA aufgenommen, und San Francisco entwickelt sich bald darauf zu einem Anziehungspunkt für zahlreiche Investoren und Abenteurer. Die Einwohnerzahl der Stadt vervierfacht sich in kaum 20 Jahren. Viele Neuankömmlinge sind schwer gezeichnet von der Krise, die das Land damals erschüttert. Für sie hat sich der kalifornische Traum in einen Albtraum verwandelt.

Jack kennt seinen leiblichen Vater nicht, da dieser die Familie vor seiner Geburt verlassen hat. Seine Mutter Flora heiratet daraufhin John London, einen Witwer mit zwei Kindern, der John adoptiert und ihm seinen Namen gibt. John London arbeitet als Zimmermann, seine Gesundheit ist aber aufgrund einer Verwundung aus dem Sezessionskrieg angegriffen. Flora stammt aus einer wohlhabenden Familie in Ohio. Sie erledigt jetzt Näharbeiten, gibt Klavierstunden und träumt davon, ihren gesellschaftlichen Status wiederzuerlangen. Zudem begeistert sie sich für Astrologie und spiritistische Praktiken wie Tischerücken und Wahrsagerei. Sie ist eine schwierige Frau von unberechenbarem Charakter; Jack gegenüber wird sie stets unnachgiebig sein und ihm selten Zuneigung schenken. Zärtlichkeit und Verständnis findet er bei seinem Stiefvater und seiner Stiefschwester Eliza sowie bei seiner Kinderfrau Jennie Prentiss, einer Schwarzen und ehemaligen Sklavin, die ihm viele Jahre lang nahestehen sollte.

← Jack im Alter von neun Jahren

↗ Jacks Klassenfoto in der Cole Grammar School in Oakland, 1887

→ Erstes bekanntes Foto von Jack London

Flora London

Flora London ist seit ihrer Jugend körperlich
gezeichnet: Im Alter von 13 Jahren erkrankte
sie schwer an Thyphus. Sie hörte damals auf
zu wachsen und verlor sämtliche Haare, weshalb sie nur 1,40 Meter groß war und meist eine
Perücke trug.

1874 lässt sie sich mit ihrem Lebensgefähr-
ten William Chaney, einem recht bekannten und
beliebten Astrologen, in San Francisco nieder. Als
sie ihn ein Jahr später über ihre Schwangerschaft
informiert, streitet er eine offizielle Vaterschaft
vehement ab. Nach heftigen Auseinandersetzungen verlässt er die Stadt und Flora während der
Schwangerschaft. Am 7. September 1876 heiratet
sie schließlich John London. Jack ist damals
sechs Monate alt.

Flora ist eine labile und cholerische Frau,
manche halten sie für hysterisch. Sie widmet sich
endlosen spiritistischen Sitzungen, bei denen sie
einen indianischen Häuptling namens »Pume«
verkörpert. Im Umgang mit Jack ist sie oft kalt
und autoritär. Trotzdem sollte er sein ganzes
Leben lang dafür Sorge tragen, dass sie keine
Not litt und ein Dach über dem Kopf hatte.

↑
Flora London
(1848–1922), geb. Wellman,
die Mutter Jack Londons

John Griffith London (1828–1887),
der Adoptivvater Jack Londons

Eliza Shepard (1866–1939),
geb. London, Tochter von John
London und Jacks bevorzugte
Stiefschwester

Da der finanzielle Druck, der auf der Familie lastet, stetig zunimmt, muss sich John London in immer neuen Berufen versuchen: Kolonialwarenhändler, Gemüsebauer, Landwirt, Nachtwächter und sogar Bahnarbeiter. Die Familie zieht mehrmals um, zunächst innerhalb San Franciscos selbst, dann in Nachbarstädte an der Bucht, nach Oakland, Alameda und San Mateo. Jack, sich selbst überlassen, verbringt viel Zeit in den Straßen. Bücher sind für ihn oft die einzige Möglichkeit, dem Alltag zu entkommen, und er verschlingt Abenteuerromane und Reiseberichte, die er in der städtischen Bücherei von Oakland ausleiht.

Mit zunehmendem Alter hat Jack immer weniger Zeit und Muße für seine große Leidenschaft, die Bücher: Flora verlangt von ihm, zum Familieneinkommen beizutragen. Bereits als Zehnjähriger übernimmt er Gelegenheitsjobs – er verkauft Zeitungen, verdingt sich als Eislieferant und hilft in den Saloons aus. Als sein

»Ich las im Bett, ich las bei Tisch, ich las auf dem Weg zur Schule und auf dem Weg zurück, ich las in den Pausen, wenn die anderen Jungs spielten.«[2]

↖
Kai der Vallejo Street, San Francisco, Anfang des 20. Jahrhunderts

↑
Der Kai der Southern Pacific in Oakland, Anfang des 20. Jahrhunderts

Stiefvater nach einem Unfall arbeitsunfähig wird, muss er mit vierzehn Jahren die Schule verlassen. Kinderarbeit ist in den Vereinigten Staaten damals an der Tagesordnung. Um 1900 arbeiten mehr als 1,5 Millionen Kinder überwiegend in der Textilindustrie, in den Minen und in der Landwirtschaft. Erst ab 1904 wird die Öffentlichkeit mit der Gründung des Nationalen Kinderarbeits-Komitees auf dieses Thema aufmerksam, und erst 1938 werden im Zuge einer Gesetzesreform ein Mindestarbeitsalter und spezielle Arbeitszeiten für Kinder eingeführt. Jack beginnt für 10 Cent pro Stunde bei Hickmott, einer Konservenfabrik in Oakland, zu arbeiten und gibt seinen gesamten Verdienst zu Hause ab. »Aber an vielen Abenden hörte ich nicht vor Mitternacht mit der Arbeit auf«, schrieb er später. »Gelegentlich arbeitete ich achtzehn und zwanzig Stunden am Stück. Einmal habe ich sechsunddreißig Stunden lang ununterbrochen an meiner Maschine gesessen.«[4]

Die Konservenfabrik Hickmott in Oakland, Anfang des 20. Jahrhunderts. Jack arbeitet dort im Herbst 1889.

Folgende Doppelseite:
Kai der Mission Street, San Francisco, Anfang des 20. Jahrhunderts

»Wenn jemand zum Seemann geboren ist und durch die Schule der See gegangen ist, kommt er sein Leben lang nicht mehr von ihr los. Er hat das Salz der See in den Knochen und ihren Geruch in der Nase und wird ihrem Ruf bis zum letzten Stündlein folgen.«[3]

Es sind die Docks von Oakland, nur wenige Schritte von der Konservenfabrik entfernt, in die John vor der drückenden Atmosphäre in der Fabrik flieht.

Die Angelausflüge, die er gemeinsam mit John London an die Hafenmole von Alameda oder an Bord eines kleinen Bootes unternimmt, haben bereits in frühester Kindheit seine Liebe zum Meer geweckt, und hier, in Gesellschaft von Seeleuten, Lastenträgern und Marktschreiern, fühlt er sich zu Hause. Er liebt es, die Austernpiraten zu beobachten, die in der Bucht ihr Unwesen treiben und deren »Heldentaten« ihn zum Träumen bringen. Der Eisenbahn-Trust hat damals quasi ein Monopol auf die Austernbänke, und die Austernpiraten gehen nachts auf Beutezug, um ihre Ware frühmorgens auf dem Schwarzmarkt zu verkaufen. Das Risiko, erwischt zu werden, ist groß, aber der Ertrag kann sich sehen lassen: Sie verdienen in einer Nacht etwa so viel wie ein Arbeiter im ganzen Monat. Jack zögert nicht lange: »Ich wollte da hin, wo die Winde des Abenteuers wehten. … Jeder Raubzug auf einer Austernbank war eine Straftat. Darauf standen Zuchthaus, Sträflingskleidung und Fußfesseln. Na und? Die Männer in den gestreiften Sachen hatten einen kürzeren Arbeitstag als ich an meiner Maschine. Und es war viel romantischer, ein Austernpirat oder Sträfling zu sein als der Sklave der Maschine.«[6]

»Dies ist meine einzige Hoffnung zu entkommen«, erklärt er Jennie Prentiss, seiner ehemaligen Amme. »Ich habe das Gefühl zu sterben. Ich bin erst fünfzehn Jahre alt, aber ich bin genauso kräftig und hart wie diese Austernpiraten.«[7] Er überredet Jennie, ihm 300 Dollar zu leihen, und kauft davon seine eigene Schaluppe, die *Razzle Dazzle*. Er lernt schnell, sich bei den Hartgesottenen in der Bucht wie Whiskey Bob oder Big Alec Respekt zu verschaffen, und erhält bald den Spitznamen »Prinz der Austernpiraten«.

»Mit 16 hatte ich zwar den Titel ›Prinz‹ erlangt. Aber dieser Titel war mir von einer Bande Halsabschneidern und Dieben verliehen worden, die mich ›Prinz der Austernpiraten‹ nannten.«[5]

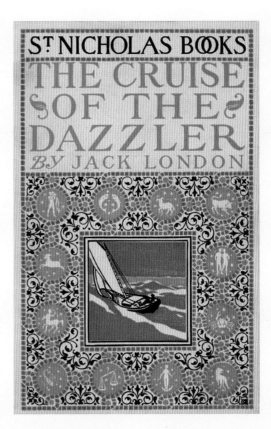

The Cruise
of the Dazzler
(Frisco Kid)

Die Geschichten, die Jack 1891 bei den Austernpiraten in der Bucht von San Francisco erlebt,
sind Inspirationsquelle für seinen ersten Roman
The Cruise of the Dazzler (1902).

Joe wächst wohlbehütet in San Francisco
auf, reißt nach einem schulischen Misserfolg
von zu Hause aus und wird Schiffsjunge auf der
Dazzler, dem Boot des Austernpiraten French
Pete. Er lernt dort den gleichaltrigen Matrosen
Frisco Kid kennen, ein Waisenkind aus den
Armenvierteln und wahrhafter Doppelgänger
Jack Londons. Die beiden Jungen schließen
Freundschaft und erleben gemeinsam viele
Abenteuer. Doch Frisco Kid, der in seinem Leben
nicht viel mehr als Besserungsanstalten von
innen gesehen hat, träumt im tiefsten Inneren
davon, ein neues Leben zu beginnen und zur
Schule zu gehen. Er führt Joe vor Augen, wie
verwahrlost sie leben, und überzeugt ihn davon,
nach Hause zurückzukehren. Voller Dankbarkeit
empfängt Joes Familie auch Frisco Kid und bietet
ihm das Leben, von dem er immer geträumt hat.

Endlich ist das Leben aufregend! Man muss sich vor den Schüssen der Wachposten in Sicherheit bringen, den konkurrierenden Austernpiraten und der Fischereipatrouille entkommen. »Dort also wurde ich vom Geist der Revolte gekitzelt. Vom Abenteuer, von der Romantik, von Dingen, die verboten sind und die man trotzdem und großspurig tut. Und ich wusste, dass ich am nächsten Morgen nicht an meine Maschine in der Konservenfabrik zurückkehren würde.«[8]

Das verdiente Geld gibt Jack mit vollen Händen in den Tavernen aus, in denen eine Atmosphäre der Abenteuerlust und der Kameradschaft herrscht. Er betrinkt sich dort regelmäßig, und Johnny Heinolds Hafenbar *First and Last Chance* wird zu seinem zweiten Zuhause: »Ich ... wohnte praktisch in den Saloons, wurde zum Schankraum-Penner und Schlimmerem.«[9]

Als ein Brand die *Razzle Dazzle* zerstört, tut er sich mit Young Scratch Nelson zusammen, einem riesengroßen Kerl und Analphabeten, dessen Wildheit in der gesamten Bucht gefürchtet ist und mit dem er weiter die Austernbänke ausraubt. Doch allmählich beginnt er zu begreifen, dass er nicht ewig so weiterleben kann, und nimmt Anfang des Jahres 1892 schießlich eine Stelle bei der Fischereipatrouille von Benicia an.

Die Männer der Fischereipatrouille sind eher Prämienjäger als echte Polizisten. Jack erhält keinen Lohn, sondern eine Beteiligung an den Strafgeldern der Fischer, zu deren Ergreifung er beigetragen hat. Obwohl er die Seiten gewechselt hat, treibt er sich weiter in den Docks herum, rauft und zecht mit den anderen Matrosen. Als er eines Abends versucht, an Bord eines Bootes zu gehen, um dort die Nacht zu verbringen, fällt er sturzbetrunken ins Wasser. Er lässt sich vom Ufer abtreiben, und es dauert vier Stunden, bis er wieder zu sich kommt und sich bewusst wird, dass er nicht sterben will. Dank eines griechischen Matrosen, der ihn aus dem Wasser zieht, entgeht er völlig erschöpft nur knapp dem Tod.

Er ist nicht einmal 17 Jahre alt, scheint aber bereit, sämtliche Exzesse zu leben und jedes Risiko einzugehen. Während des Sommers, als er in der Gegend von Sacramento unterwegs ist, lernt er eine Bande Jugendlicher kennen, die sich an den Eisenbahngleisen herumtreibt. Diese hartgesottenen Kids widersetzen sich jeder Autorität. Sie leben von Raubüberfällen und Bettelei, springen als blinde Passagiere auf Güterzüge auf und

↓
**Fisherman's Wharf,
San Francisco, Ende
des 19. Jahrhunderts**

lassen sich, an die Waggons geklammert, durchs Land kutschieren. Jack ist ganz angetan von dieser neuen Herausforderung und will sich nun den Gefahren des Vagabundenlebens stellen. Auf einer Reise in die Sierra Nevada wird auch er einer dieser »Eisenbahn-Tramps« und bekommt, nachdem er seinen Mut unter Beweis gestellt hat, einen neuen Spitznamen: Frisco Kid.

Als Jack London in die Bucht von San Francisco zurückkehrt, ist er bereit, die große Reise übers Meer anzutreten. Am 20. Januar 1893 heuert er für eine Robbenjagdsaison mit dem Ziel Japan auf dem Dreimaster *Sophia Sutherland* an.

An Bord ist Jack den üblichen Schikanen der hartgesottenen Seeleute ausgesetzt und muss sich – wieder einmal – mit seinen Fäusten Respekt verschaffen: »Ich war nie zuvor zur See gefahren. ... Entweder würde es mir gelingen mich durchzusetzen, oder ich würde untergehen. Ich hatte als ihresgleichen den Dienst angetreten und ich musste mich als ihresgleichen behaupten, wenn ich mich nicht sieben Monate lang der Hölle ihrer Gewalt

↑
Fisherman's Wharf,
San Francisco, Ende
des 19. Jahrhunderts

← Der 17-jährige Jack
als Matrose auf der
Sophia Sutherland

↓
Die *Sophia Sutherland*,
auf der Jack 1893 für eine
Robbenjagdsaison im
Beringmeer anheuert

ausliefern wollte.«[10] Während der 51 Tage langen Fahrt durch den Pazifik arbeitet er unermüdlich und perfektioniert seine Navigationskenntnisse. Als der Schoner in einen Sturm gerät, übernimmt Jack für fast 40 Minuten das Steuer: »Der Wind schien sich wie eine Mauer gegen einen zu stemmen und machte es fast unmöglich, sich zu bewegen oder auch nur zu atmen, wenn die starken Regenschauer herabgeschossen kamen. ... Es regnete nicht, aber die Kraft des Sturmes erfüllte die Luft mit einem feinen Sprühregen, der bis zu den Dwarssalingen flog und das Gesicht wie mit einem Messer schnitt. Dabei machte er es einem unmöglich, auch nur fünfzig Meter aufwärts zu sehen. Das Meer hatte eine dunkle Bleifarbe angenommen, und der Wind türmte flüssige Schaumberge auf, die sich mit langsamen majestätischem Rollen vorwärtsdrängten.«[11] Dieses Erlebnis sollte für den abenteuerlustigen jungen Mann unvergesslich bleiben.

Nach einem Zwischenhalt auf den Bonininseln, knapp 1000 Kilometer südöstlich der japanischen Hauptinsel, segelt die *Sophia Sutherland* weiter in Richtung Norden und Beringmeer, wo die Jagd beginnt. Dort verwandelt sich das vereiste Deck des Schiffs für drei Monate in ein wahres Schlachthaus: Die Mannschaft zieht den gefangenen Robben an Bord das blutverschmierte Fell ab und wirft die Kadaver zurück ins Meer.

Als Jack am 26. August 1893 nach Oakland zurückkehrt, sind viele seiner alten Freunde verschwunden, einige von ihnen wurden umgebracht. Auf Drängen seiner Mutter nimmt er an einem Wettbewerb der Regionalzeitung *San Francisco Morning Call* teil und schreibt eine 2000 Wörter umfassende Geschichte über seine Reise. Er gewinnt den ersten Preis, und seine Geschichte mit dem Titel *Story of a Typhoon Off the Coast of Japan* erscheint in der Ausgabe vom 12. November. Für seine erste Veröffentlichung bekommt Jack London 25 Dollar.

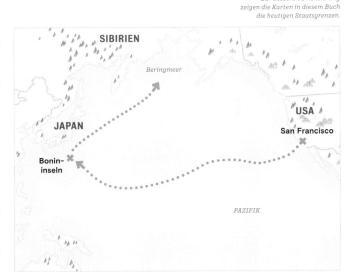

Zur besseren Orientierung zeigen die Karten in diesem Buch die heutigen Staatsgrenzen.

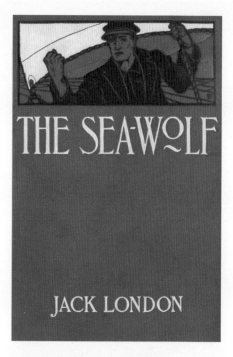

The Sea-Wolf
(Der Seewolf)

In der autobiografischen Erzählung *That Dead Men Rise Up Never* berichtet Jack detailliert von seinen Abenteuern an Bord der *Sophia Sutherland*. Der Text wird erst nach seinem Tod entdeckt und in dem Sammelband *The Human Drift* (1917) veröffentlicht. Aber diese Zeit in seinem Leben liefert vor allem Stoff für einen seiner wichtigsten Romane: *The Sea-Wolf* (1904). Die Handlung spielt größtenteils an Bord des Schoners *Fantôme*, der wie die *Sophia Sutherland* auf Robbenjagd im Nordpazifik unterwegs ist. Getragen wird die Geschichte von zwei gegensätzlichen Hauptfiguren, dem brutalen Kapitän »Wolf« Larsen, der einen radikalen Individualismus vertritt, und dem wohlhabenden und kultivierten Van Weyden, der als Schiffbrüchiger an Bord gekommen ist und für Toleranz und Solidarität einsteht. Hier prallen zwei Weltanschauungen aufeinander, die sicherlich auch die komplexe Persönlichkeit des Autors widerspiegeln.

←
Illustration von W. J. Aylward
für den Vorabdruck des
Seewolfs in der Zeitschrift
The Century Magazine

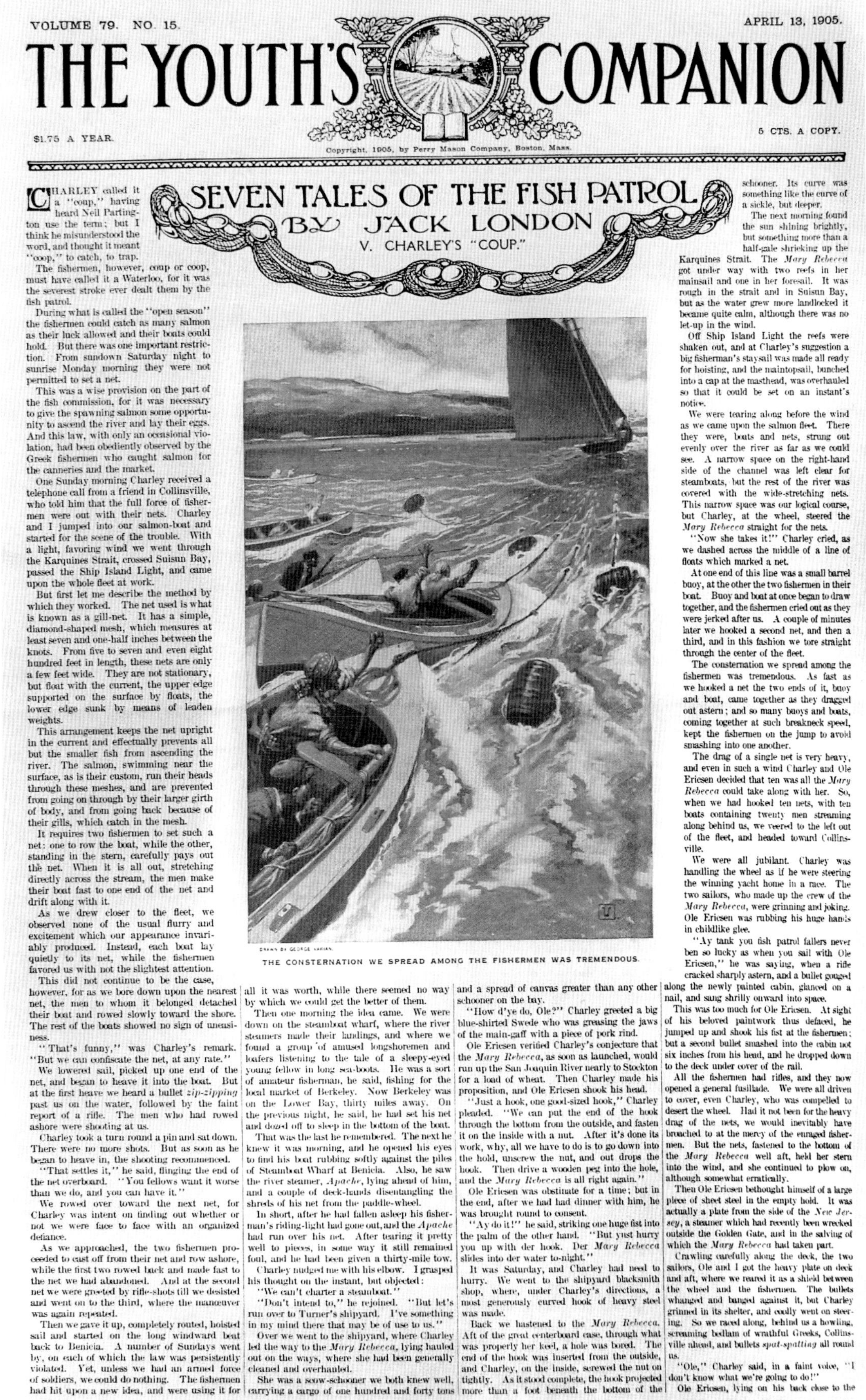

VOLUME 79. NO. 15. APRIL 13, 1905.

THE YOUTH'S COMPANION

$1.75 A YEAR. 5 CTS. A COPY.

Copyright, 1905, by Perry Mason Company, Boston, Mass.

SEVEN TALES OF THE FISH PATROL

BY JACK LONDON

V. CHARLEY'S "COUP."

Charley called it a "coup," having heard Neil Partington use the term; but I think he misunderstood the word, and thought it meant "coop," to catch, to trap.

The fishermen, however, coup or coop, must have called it a Waterloo, for it was the severest stroke ever dealt them by the fish patrol.

During what is called the "open season" the fishermen could catch as many salmon as their luck allowed and their boats could hold. But there was one important restriction. From sundown Saturday night to sunrise Monday morning they were not permitted to set a net.

This was a wise provision on the part of the fish commission, for it was necessary to give the spawning salmon some opportunity to ascend the river and lay their eggs. And this law, with only an occasional violation, had been obediently observed by the Greek fishermen who caught salmon for the canneries and the market.

One Sunday morning Charley received a telephone call from a friend in Collinsville, who told him that the full force of fishermen were out with their nets. Charley and I jumped into our salmon-boat and started for the scene of the trouble. With a light, favoring wind we went through the Karquines Strait, crossed Suisun Bay, passed the Ship Island Light, and came upon the whole fleet at work.

But first let me describe the method by which they worked. The net used is what is known as a gill-net. It has a simple, diamond-shaped mesh, which measures at least seven and one-half inches between the knots. From five to seven and even eight hundred feet in length, these nets are only a few feet wide. They are not stationary, but float with the current, the upper edge supported on the surface by floats, the lower edge sunk by means of leaden weights.

This arrangement keeps the net upright in the current and effectually prevents all but the smaller fish from ascending the river. The salmon, swimming near the surface, as is their custom, run their heads through these meshes, and are prevented from going on through by their larger girth of body, and from going back because of their gills, which catch in the mesh.

It requires two fishermen to set such a net: one to row the boat, while the other, standing in the stern, carefully pays out the net. When it is all out, stretching directly across the stream, the men make their boat fast to one end of the net and drift along with it.

As we drew closer to the fleet, we observed none of the usual flurry and excitement which our appearance invariably produced. Instead, each boat lay quietly to its net, while the fishermen favored us with not the slightest attention.

This did not continue to be the case, however, for as we bore down upon the nearest net, the men to whom it belonged detached their boat and rowed slowly toward the shore. The rest of the boats showed no sign of uneasiness.

"That's funny," was Charley's remark. "But we can confiscate the net, at any rate."

We lowered sail, picked up one end of the net, and began to heave it into the boat. But at the first heave we heard a bullet *zip-zipping* past us on the water, followed by the faint report of a rifle. The men who had rowed ashore were shooting at us.

Charley took a turn round a pin and sat down. There were no more shots. But as soon as he began to heave in, the shooting recommenced.

"That settles it," he said, flinging the end of the net overboard. "You fellows want it worse than we do, and you can have it."

We rowed over toward the next net, for Charley was intent on finding out whether or not we were face to face with an organized defiance.

As we approached, the two fishermen proceeded to cast off from their net and row ashore, while the first two rowed back and made fast to the net we had abandoned. And at the second net we were greeted by rifle-shots till we desisted and went on to the third, where the manœuver was again repeated.

Then we gave it up, completely routed, hoisted sail and started on the long windward beat back to Benicia. A number of Sundays went by, on each of which the law was persistently violated. Yet, unless we had an armed force of soldiers, we could do nothing. The fishermen had hit upon a new idea, and were using it for all it was worth, while there seemed no way by which we could get the better of them.

Then one morning the idea came. We were down on the steamboat wharf, where the river steamers made their landings, and where we found a group of amused longshoremen and loafers listening to the tale of a sleepy-eyed young fellow in long sea-boots. He was a sort of amateur fisherman, he said, fishing for the local market of Berkeley. Now Berkeley was on the Lower Bay, thirty miles away. On the previous night, he said, he had set his net and dozed off to sleep in the bottom of the boat.

That was the last he remembered. The next he knew it was morning, and he opened his eyes to find his boat rubbing softly against the piles of Steamboat Wharf at Benicia. Also, he saw the river steamer, *Apache*, lying ahead of him, and a couple of deck-hands disentangling the shreds of his net from the paddle-wheel.

In short, after he had fallen asleep his fisherman's riding-light had gone out, and the *Apache* had run over his net. After tearing it pretty well to pieces, in some way it still remained foul, and he had been given a thirty-mile tow.

Charley nudged me with his elbow. I grasped his thought on the instant, but objected:

"We can't charter a steamboat."

"Don't intend to," he rejoined. "But let's run over to Turner's shipyard. I've something in my mind there that may be of use to us."

Over we went to the shipyard, where Charley led the way to the *Mary Rebecca*, lying hauled out on the ways, where she had been generally cleaned and overhauled.

She was a scow-schooner we both knew well, carrying a cargo of one hundred and forty tons and a spread of canvas greater than any other schooner on the bay.

"How d'ye do, Ole?" Charley greeted a big blue-shirted Swede who was greasing the jaws of the main-gaff with a piece of pork rind.

Ole Ericsen verified Charley's conjecture that the *Mary Rebecca*, as soon as launched, would run up the San Joaquin River nearly to Stockton for a load of wheat. Then Charley made his proposition, and Ole Ericsen shook his head.

"Just a hook, one good-sized hook," Charley pleaded. "We can put the end of the hook through the bottom from the outside, and fasten it on the inside with a nut. After it's done its work, why, all we have to do is to go down into the hold, unscrew the nut, and out drops the hook. Then drive a wooden peg into the hole, and the *Mary Rebecca* is all right again."

Ole Ericsen was obstinate for a time; but in the end, after we had had dinner with him, he was brought round to consent.

"Ay do it!" he said, striking one huge fist into the palm of the other hand. "But yust hurry you up with der hook. Der *Mary Rebecca* slides into der water to-night."

It was Saturday, and Charley had need to hurry. We went to the shipyard blacksmith shop, where, under Charley's directions, a most generously curved hook of heavy steel was made.

Back we hastened to the *Mary Rebecca*. Aft of the great centerboard case, through what was properly her keel, a hole was bored. The end of the hook was inserted from the outside, and Charley, on the inside, screwed the nut on tightly. As it stood complete, the hook projected more than a foot beneath the bottom of the schooner. Its curve was something like the curve of a sickle, but deeper.

The next morning found the sun shining brightly, but something more than a half-gale shrieking up the Karquines Strait. The *Mary Rebecca* got under way with two reefs in her mainsail and one in her foresail. It was rough in the strait and in Suisun Bay, but as the water grew more landlocked it became quite calm, although there was no let-up in the wind.

Off Ship Island Light the reefs were shaken out, and at Charley's suggestion a big fisherman's staysail was made all ready for hoisting, and the maintopsail, bunched into a cap at the masthead, was overhauled so that it could be set on an instant's notice.

We were tearing along before the wind as we came upon the salmon fleet. There they were, boats and nets, strung out evenly over the river as far as we could see. A narrow space on the right-hand side of the channel was left clear for steamboats, but the rest of the river was covered with the wide-stretching nets. This narrow space was our logical course, but Charley, at the wheel, steered the *Mary Rebecca* straight for the nets.

"Now she takes it!" Charley cried, as we dashed across the middle of a line of floats which marked a net.

At one end of this line was a small barrel buoy, at the other the two fishermen in their boat. Buoy and boat at once began to draw together, and the fishermen cried out as they were jerked after us. A couple of minutes later we hooked a second net, and then a third, and in this fashion we tore straight through the center of the fleet.

The consternation we spread among the fishermen was tremendous. As fast as we hooked a net the two ends of it, buoy and boat, came together as they dragged out astern; and so many buoys and boats, coming together at such breakneck speed, kept the fishermen on the jump to avoid smashing into one another.

The drag of a single net is very heavy, and even in such a wind Charley and Ole Ericsen decided that ten was all the *Mary Rebecca* could take along with her. So, when we had hooked ten nets, with ten boats containing twenty men streaming along behind us, we veered to the left out of the fleet, and headed toward Collinsville.

We were all jubilant. Charley was handling the wheel as if he were steering the winning yacht home in a race. The two sailors, who made up the crew of the *Mary Rebecca*, were grinning and joking. Ole Ericsen was rubbing his huge hands in childlike glee.

"Ay tank you fish patrol fallers never ben so lucky as when you sail with Ole Ericsen," he was saying, when a rifle cracked sharply astern, and a bullet gouged along the newly painted cabin, glanced on a nail, and sang shrilly onward into space.

This was too much for Ole Ericsen. At sight of his beloved paintwork thus defaced, he jumped up and shook his fist at the fishermen; but a second bullet smashed into the cabin not six inches from his head, and he dropped down to the deck under cover of the rail.

All the fishermen had rifles, and they now opened a general fusillade. We were all driven to cover, even Charley, who was compelled to desert the wheel. Had it not been for the heavy drag of the nets, we would inevitably have broached to at the mercy of the enraged fishermen. But the nets, fastened to the bottom of the *Mary Rebecca* well aft, held her stern into the wind, and she continued to plow on, although somewhat erratically.

Then Ole Ericsen bethought himself of a large piece of sheet steel in the empty hold. It was actually a plate from the side of the *New Jersey*, a steamer which had recently been wrecked outside the Golden Gate, and in the salving of which the *Mary Rebecca* had taken part.

Crawling carefully along the deck, the two sailors, Ole and I got the heavy plate on deck and aft, where we reared it as a shield between the wheel and the fishermen. The bullets whanged and banged against it, but Charley grinned in its shelter, and coolly went on steering. So we raced along, behind us a howling, screaming bedlam of wrathful Greeks, Collinsville ahead, and bullets *spat-spatting* all round us.

"Ole," Charley said, in a faint voice, "I don't know what we're going to do!"

Ole Ericsen, lying on his back close to the

DRAWN BY GEORGE VARIAN.

THE CONSTERNATION WE SPREAD AMONG THE FISHERMEN WAS TREMENDOUS.

↖ Vorabdruck der *Geschichten von der Fischereipatrouille* in der Zeitschrift *The Youth's Companion*, 13. April 1905

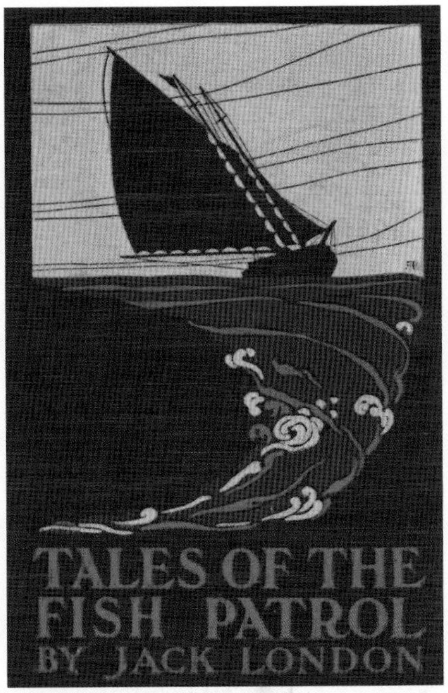

Tales of the Fish Patrol

(Geschichten von der Fischereipatrouille)

Von seinen Abenteuern bei der Fischereipatrouille erzählt Jack London in einer Mischung aus Fiktion und Autobiografie in seiner Sammlung *Tales of the Fish Patrol* (1905). Er beschreibt detailliert die Fangmethoden und die Tricks der illegalen Fischer, um den Ordnungskräften zu entkommen, sowie die Auseinandersetzungen zwischen den rivalisierenden chinesischen, griechischen oder italienischen Banden. Dabei liefert er köstliche Porträts der tonangebenden Figuren der Bucht, darunter Big Alec, der »König der Griechen«, oder auch der Chinese Yellow Handkerchief (»Gelbes Schnupftuch«).

IM ANGESICHT DES

1893—1897

ENTFESSELTEN KAPITALISMUS

HARPER'S WEEKLY
JOURNAL OF CIVILIZATION
NEW YORK, SATURDAY, JULY 16, 1892.

THE HOMESTEAD RIOT.—DRAWN BY W. P. SNYDER AFTER A PHOTOGRAPH BY DABBS, PITTSBURG.—[SEE PAGE 675.]
THE PINKERTON MEN LEAVING THE BARGES AFTER THE SURRENDER.

Nach vielen Monaten an Bord der *Sophia Sutherland* erfährt Jack, dass sich der Gesundheitszustand seines Adoptivvaters John London weiter verschlechtert hat. Dessen Veteranenpension reicht nicht aus, um die Familie zu ernähren, und Jack muss schnell eine neue Arbeit finden und zum Lebensunterhalt der Familie beitragen. Ihm bleibt nichts anderes übrig, als wieder ganz unten anzufangen und zu hoffen, mit Willenskraft und harter Arbeit seine Situation zu verbessern. Er nimmt eine Stelle in einer Jutefabrik an und arbeitet dort am Fließband, sechs Tage in der Woche und zehn Stunden täglich für einen Stundenlohn von zehn Cent. Nach einigen Monaten kündigt er, weil seine Arbeitgeber ihm die versprochene Lohnerhöhung nicht gewähren. Er ergattert eine Anstellung im Kraftwerk von Oakland, wo er Kohlen in den Heizkessel schaufeln muss. Als er erfährt, dass er allein zwei kürzlich entlassene Männer ersetzt hat und sich einer der beiden sogar umgebracht hat, schmeißt er auch diesen Job hin.

← Jack London

← Auseinandersetzung zwischen Streikenden und Wachleuten der Pinkerton-Agentur in einem Stahlwerk, Deckblatt der Zeitschrift *Harper's Weekly* vom 16. Juli 1892 (Stich von W. P. Snyder)

↓ Antichinesischer Aufstand in Denver, Colorado, 31. Oktober 1880

Frustriert von der Arbeitssuche begreift
Jack, dass er gefangen ist in der Falle eines
entfesselten Kapitalismus, der, unterstützt
von einer korrupten politischen Elite, Millionen Amerikaner zu Sklaven gemacht hat.
Die sozialen Spannungen im Land sind auf
ihrem Höhepunkt angelangt. Ordnungskräfte
schlagen die immer häufigeren Streiks brutal
nieder. In Chicago kommt es 1896 zu heftigen
Angriffen der Polizei auf die Arbeiter, bei
denen ein Mensch stirbt und zehn weitere
verletzt werden. Um ihren Betrieb aufrechtzuerhalten, beschäftigen die Arbeitgeber nun
zunehmend folgsamere ausländische Arbeitskräfte. Die Folge ist eine Welle der Frem-
denfeindlichkeit, vor allem an der Westküste,
wo die asiatischen Einwanderer gewaltsamen
rassistischen Angriffen ausgesetzt sind. Trotz
des 1882 verabschiedeten Gesetzes zum Aus-
schluss von Chinesen (Chinese Exclusion

»Warum leben Millionen
moderner Menschen heute
in elenderen Verhältnissen
als Höhlenmenschen?«[1]

Act), mit dem der Zustrom chinesischer Einwanderer für eine be-
grenzte Zeit gestoppt werden soll, kommt es in Los Angeles, Seattle
und Tacoma zu Aufständen. Das Hab und Gut von Chinesen wird
geplündert, und einige werden sogar gewaltsam vertrieben. In den
Geschichten Jack Londons kommt die Stimmungslage jener Zeit

↑
Arbeitslosendemonstration,
New York, 1909

←
Erstveröffentlichung der
Novelle *The Apostate*, in der
Jack London die Ausbeutung
von Kindern durch die
Industrie anprangert. In
Woman's Home Companion,
September 1906

→
Jack London

»Ich wurde Vagabund, … weil ich Wanderblut in den Adern hatte, das mir keine Ruhe ließ.«[2]

anschaulich zum Ausdruck. So ist zum Beispiel in *Tales of the Fish Patrol* von lüsternen, vulgären Chinesen die Rede.

Eine weitere Wirtschaftskrise im Jahr 1893 treibt viele kleine Firmen und landwirtschaftliche Betriebe in den Konkurs und stürzt das Land in die schlimmste Depression seiner jungen Geschichte: Die Zahl der Arbeitslosen verdreifachte sich landesweit, in einigen Bundesstaaten erreichte sie eine Quote von über 40 Prozent.

Ebenfalls zu dieser Zeit organisiert Jacob Coxey, ein Industrieller aus Ohio, einen Protestmarsch von nie dagewesenem Ausmaß. Eine regelrechte Armee von Arbeitslosen aus ganz Amerika bewegt sich in Richtung Washington, um von der Regierung Sofortmaßnahmen zu fordern. Jack beschließt, sich dem Kontingent der Westküste anzuschließen, das von einem gewissen »General« Charles T. Kelly angeführt wird und etwa 600 Mann stark ist.

Da er ihren Aufbruch verpasst hat, muss er unterwegs zu ihnen stoßen. Wie in seiner Zeit als Frisco Kid, als er mit seiner Bande aus Sacramento unterwegs war, springt er nachts heimlich auf Güterzüge auf und fährt quer durch Kalifornien, Nevada und Utah. In den Rocky Mountains, in der Nähe von Laramie, gelingt es ihm schließlich, die Gruppe einzuholen.

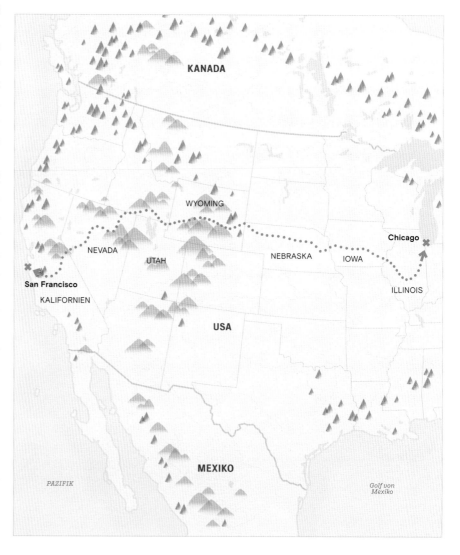

Er zieht mit ihnen weiter Richtung Osten durch Wyoming, Nebraska und Iowa. Die Männer reisen zusammengepfercht in Viehwaggons, die ihnen die Eisenbahngesellschaften zur Verfügung stellen, müssen dann aber zu Fuß weiterziehen, weil ihnen der Zutritt zu den Zügen schließlich verwehrt wird. Die Zahl der Marschierenden nimmt unaufhörlich zu, und bald zählt Kellys »Armee« 2000 Menschen. Unterwegs wird ihnen überall Solidarität entgegengebracht: »Und die gastfreien Iowa-Bauern! Sie kamen mit ihren Wagen und transportierten unser Gepäck; sie hielten warmes Frühstück längs des Weges bereit!«, erinnerte sich Jack. »Die Bürgermeister der wohlhabenden Städtchen begrüßten uns mit Ansprachen und taten alles, um unsere Reise zu beschleunigen; Deputationen von Kindern und jungen Mädchen kamen uns entgegen, und die guten

Coxeys »Armee« der
Arbeitslosen zieht durch
Massillon, Ohio, 25. März 1894.

←
Arbeitslose aus Coxeys Armee
beim Marsch auf Washington,
1894

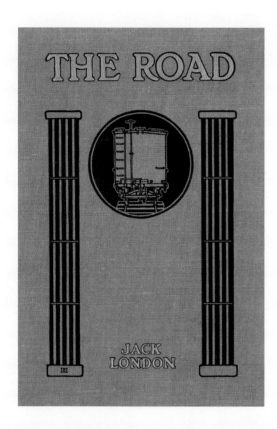

The Road
(Abenteurer des Schienenstranges)

Der Sammelband *The Road* (1907) enthält
neun autobiografische Erzählungen, in denen
Jack London von seiner 1894 unternommenen
Odyssee als Landstreicher auf den Straßen der
Vereinigten Staaten und Kanadas berichtet: sein
Zusammenleben mit den Arbeitslosen der Kelly-
Armee, seine beschwerliche Zeit als Häftling im
Zuchthaus des Erie County, seine Reise quer
durch Kanada. Vor allem erinnert er sich dort
voller Begeisterung an das Gefühl der Freiheit
als Schwarzfahrer auf den Drehachsen der Eisen-
bahnwaggons, ohne sich um die Gefahr zu sche-
ren. »Dem Vagabunden bietet das Dasein ein
farbenprächtig wechselndes Bild – das Unmög-
liche wird Ereignis, und das Unerwartete springt
bei jeder Wegbiegung aus den Büschen.«[3]

↑
»General«
Charles T. Kelly

Bürger erschienen zu Hunderten vor ihren Türen, faßten uns unter den Arm und marschierten mit uns durch die Hauptstraßen. Und jedesmal, wenn wir in eine Stadt kamen, war Zirkustag, und da es viele Städte waren, gab es jeden Tag Zirkus. Des Abends wogte eine ganze Völkerwanderung in unser Lager.«[4]

In Iowa müssen sie schließlich Boote mit flachen Böden bauen, um auf dem Des Moines River und dem Mississippi voranzukommen. Die Verhaftung Coxeys und seiner Männer vor dem Kapitol in Washington im Mai ist allerdings ein schwerer Schlag für die Moral der Truppe, die durch sintflutartige Regenfälle und den Mangel an Nahrungsmitteln ohnehin schon stark angegriffen ist. Die Disziplin lässt schnell nach, und in Hannibal in Missouri beschließt Jack, die Armee zu verlassen.

↑
Die Männer »General«
Kellys, 1894. Unten rechts:
Jack London?

Ohne einen Cent in der Tasche kehrt Jack zu seinem alten Leben als Hobo zurück. Er zieht in Richtung Norden, durchquert Ohio und Illinois, bleibt einige Zeit in Chicago und macht sich schließlich zu den Niagarafällen auf, wo er am 28. Juni in der Stadt Niagara Falls wegen Landstreicherei festgenommen und zu 30 Tagen Gefängnis verurteilt wird. Im Zuchthaus von Erie County in Buffalo lernt er die grauenhaften Lebensbedingungen in amerikanischen Gefängnissen kennen: »Unsere Halle war eine menschliche Latrine, angefüllt mit dem ärgsten Dreck und Bodensatz der Gesellschaft, von heruntergekommenen Burschen, Wracks, Irrsinnigen, Idioten, Epileptikern, Ungeheuern und Schwächlingen, kurz einer Menschheit, die aus einem bösen Traum zu stammen schien.«[5] Dieser Albtraum wird ihn viele Jahre verfolgen.

Nach seiner Freilassung beschließt er, vor der Rückkehr nach Kalifornien die großen Städte im Osten zu besuchen, und reist nach Washington, Baltimore, New York und Boston. Da der Herbst naht, kehrt er nach Montreal zurück und fährt von dort aus mit dem Zug 2000 Kilometer durch Kanada westwärts. Er unternimmt diese Reise als blinder Passagier in einem Viehwaggon und lernt unterwegs viele andere notleidende Wandergesellen kennen: »Ich fand darunter allerlei Menschen; … Matrosen, Soldaten, Arbeiter, alle herausgerissen und entwurzelt, aus der Bahn geschleudert durch Arbeit, Entbehrung und Unglücksfälle, und von ihren Arbeitgebern auf die Straße gejagt. … Ich sah das Bild des menschlichen Abgrunds so lebhaft vor mir. … Schrecken ergriff mich.«[7]

»Ich war in die Arbeiterklasse hineingeboren. Aber jetzt, mit achtzehn Jahren, stand ich noch tiefer als je zuvor. Ich befand mich im Keller der Gesellschaft, unten, in den unterirdischen Tiefen des Elends …«[6]

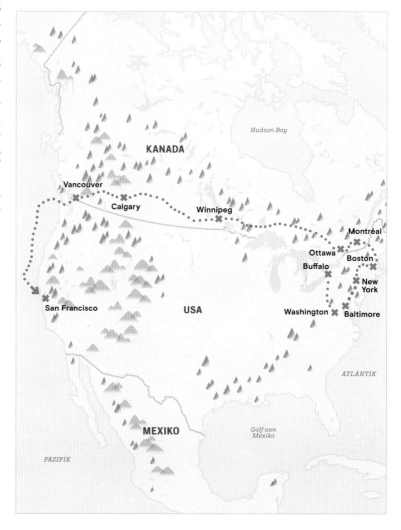

Zurück an der Pazifikküste, geht er in Vancouver an Bord eines Dampfschiffes in Richtung Oakland, fest entschlossen, seinem Leben eine positive Wende zu geben.

Um aus diesem Teufelskreis auszubrechen und seine Lebenssituation zu verbessern, sieht Jack nur einen Ausweg: Bildung. Er beschließt, seine Studien wieder aufzunehmen, um sich die Grundlagen für ein Leben als Schriftsteller anzueignen.

Er meldet sich am Gymnasium von Oakland an. Seine Klassenkameraden sind fünf Jahre jünger als er. Um das Schulgeld bezahlen zu können und seine Eltern finanziell zu unterstützen, nimmt er in der Schule einen Job als Reinigungskraft an und fegt nach dem Unterricht die Klassenzimmer. Er arbeitet von früh bis spät und besucht eifrig die städtische Bücherei von Oakland. Zu Hause lernt und liest er. Er berechnet, wie viel Schlaf er braucht: zwei, drei, vier, fünf Stunden? Das sollte sein ganzes Leben lang so bleiben.

Die Werke von Karl Marx, Charles Darwin und Herbert Spencer sind für Jack London eine Offenbarung. Er findet sich in ihrem Denken wieder und entwickelt ein neues politisches Bewusstsein: »Andere und größere Geister hatten, bevor ich auf der Welt war, alles entwickelt - und einen Haufen mehr. Ich entdeckte, daß ich Sozialist war.«[8]

In dieser zweiten Hälfte des 19. Jahrhunderts werden die sozialistischen Ideen von den zahlreichen politischen Flüchtlingen aus Europa überall in den Vereinigten Staaten verbreitet. 1872 wird der Sitz der Internationalen Arbeiterassoziation nach New York verlegt, und 1876 ist das Gründungsjahr einer ersten amerikanischen Organisation, der Workingmen's Party (Arbeiterpartei, 1877 umbenannt in Socialistic Labor Party). Jack London tritt ihr im April 1896, kaum 20 Jahre nach ihrer Gründung, bei.

> **»So beschloss ich, nicht länger die Kraft meiner Muskeln, sondern meinen Grips zu verkaufen, und ich fing an, wie verrückt zu lernen.«**[9]

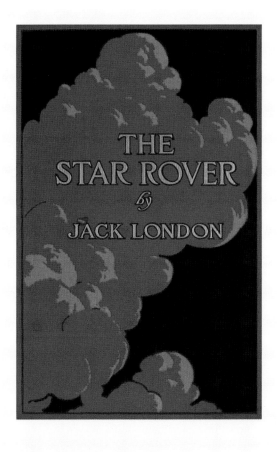

The Star Rover
(Die Zwangsjacke)

Das Gefühl der Ungerechtigkeit und der Ohnmacht, das Jack London angesichts des Strafsystems empfunden hat, als er in Buffalo im Gefängnis saß, findet Niederschlag in seinem fantastischen Roman *The Star Rover* (1915). Um die Gewalt und die schlechte Behandlung ertragen zu können, flüchtet sich der zu Unrecht zum Tode verurteilte Darrell Standing in die Selbsthypnose. Er versetzt sich selbst in Trance, projiziert sich in frühere Leben und wird zu wechselnden Fantasiegestalten: ein französischer Aristokrat des 17. Jahrhunderts, ein römischer Zenturio, ein englischer Seemann. Da er seinen Geist auf diese Weise der Macht seiner Wächter entzogen hat, kann er am Ende des Buches seiner schrecklichen Strafe gegenübertreten, denn »das Leben ist Geist, und Geist kann nicht sterben«.[10]

Er fällt häufig durch seine aufwiegleri-
schen antikapitalistischen Äußerungen auf:
»Erhebt euch, Amerikaner. Erhebt euch, ihr
Patrioten und Optimisten! Wacht auf! Nehmt
einer korrupten Regierung die Zügel aus der Hand und erzieht die
Massen!«[12] Als der Schulleiter seines Gymnasiums dieses erste
Pamphlet in der Schülerzeitung *The Aegis* liest, bleibt ihm die
Spucke weg.

Jack London ist außerdem häufig vor dem Rathaus von Oakland anzutreffen, wenn Sozialisten, auf Seifenkisten stehend, dort
ihre Vorträge halten. Seine eigenen leidenschaftlichen Reden
bringen ihm bald den Spitznamen »der junge Sozialist« ein. Im *San
Francisco Chronicle* vom 16. Februar 1896 heißt es: »Jack London,
bekannt als der junge Sozialist von Oakland, hält mit seinen Reden
bis spät in den Abend die Menge, die den Park der City Hall besucht,
in seinem Bann. Zahlreiche andere Redner sind zu hören, aber
London versammelt die größte Zuhörerschaft und ihm wird am
meisten Aufmerksamkeit und Respekt gezollt.«[13] Seine öffentlichen
Meinungsäußerungen bringen ihm sogar eine kurze Inhaftierung
wegen »Agitation« ein.

»Die Revolution ist da. Halte sie auf, wer kann.«[11]

↓
Jack Londons Parteiausweis
der Sozialistischen Arbeiterpartei Amerikas, 1896

↗
Plakat der Sozialistischen
Arbeiterpartei Amerikas für die
Präsidentschaftswahlen, 1904

Nach dem Gymnasium von Oakland schreibt
Jack sich an der Academy of Alameda ein, an
der Studenten sich innerhalb von zwei Jahren auf die Aufnahmeprüfung der University of California in Berkeley vorbereiten. Er
arbeitet bis zur Erschöpfung, schafft so den
Lernstoff in vier Monaten und besteht die
Aufnahmeprüfung glänzend. Johnny Hein-
hold, der Geschäftsführer des Lokals *First and
Last Chance*, streckt ihm die Studiengebühren
vor, und Jack wird im September 1896 an der
renommierten Hochschule aufgenommen. Er
bleibt dort jedoch nur für ein Semester, weil er
sich im Vergleich zu den anderen, in seinen
Augen unreifen und oberflächlichen Studenten fehl am Platze fühlt. Darüber hinaus empfindet er den Unterricht als zu akademisch
und realitätsfern. Enttäuscht beschließt er,
sein langweiliges Studium zu beenden, für
das er das nötige Geld ohnehin nicht mehr

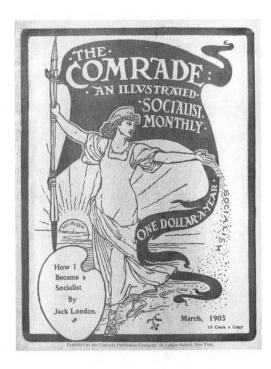

aufbringen kann. Am 4. Februar 1897 verlässt er die Universität und stürzt sich voller Elan in die Schriftstellerei: »Früh und spät war ich dabei - ich schrieb und tippte, studierte Grammatik und Schreiben in all seinen Formen, studierte erfolgreiche Schriftsteller, um herauszufinden, womit sie Erfolg hatten. Ich kam mit fünf Stunden Schlaf an einem Vierundzwanzigstundentag aus und schaffte es, in den restlichen neunzehn Stunden fast ununterbrochen zu arbeiten.«[14]

Aber er muss arbeiten, um leben zu können, und nimmt eine Stelle in der Wäscherei der Militärakademie von Belmont an. Jacks Arbeitsplatz gleicht einem Backofen, die Luft ist von heißem Dampf und Waschmittel erfüllt. Für diese Tortur bekommt er gerade mal 30 Dollar im Monat! »So rücksichtslos stürzten wir uns die ganze Woche hindurch in die Arbeit, dass wir am Samstagabend erschöpfte Wracks waren. Ich befand mich wieder in der alten vertrauten Arbeitstier-Situation.«[15] Jack ist von der Arbeit oft so erschöpft, dass er auf das Schreiben verzichten muss, und sein Traum, Schriftsteller zu werden, scheint jeden Tag etwas weiter in die Ferne zu rücken.

Damals stellt er Nachforschungen in der Bibliothek von San Francisco an und entdeckt, dass sein leiblicher Vater ein Astrologe namens William Chaney ist. Es gelingt ihm herauszufinden, wo dieser jetzt lebt, und er beschließt, Kontakt zu ihm aufzunehmen. Chaney, der an die Ostküste gezogen ist, schreibt ihm einen freundlichen Brief zurück, weist aber die Vaterschaft weit von sich. Jack ist damals 21 Jahre alt und am Boden zerstört.

How I Became a Socialist
(Wie ich Sozialist wurde)

Im März 1903 erscheint in der Zeitschrift *The Comrade* Jack Londons Artikel *How I Became a Socialist*, in dem er erklärt, wie ihm im Laufe dieses einen Jahres auf der Straße die aussichtslose Lage all jener bewusst geworden war, denen er begegnet war und die, gebrochen von Arbeit und Not, jeden Lebensmut verloren hatten. Es wurde ihm damals klar, welches Schicksal ihm bevorstand, und er gesteht: »Schrecken ergriff mich.«[16] Nachdem er den »tiefsten Schlamm des menschlichen Abgrunds«[17] erlebt hatte, schwor er sich hoch und heilig, sich nie wieder vom kapitalistischen System ausbeuten zu lassen: »Gott möge mich niederschmettern, wenn ich jemals wieder schwerere körperliche Arbeit tue, als ich unbedingt tun muss.«[18]

ABENTEUER

IM HOHEN NORDEN

Am 14. Juli 1897 legt das Dampfschiff *Excelsior* in San Francisco an. Es sind ungefähr 40 Goldgräber an Bord, die eine Tonne Gold aus Klondike, einer unerschlossenen Gegend im Nordwesten Kanadas, im Gepäck haben. Die Neuigkeit verbreitet sich wie ein Lauffeuer und löst einen wahren Rausch aus: In den darauffolgenden Wochen gehen Tausende von Männern an Bord, um sich in das Abenteuer der Goldsuche zu stürzen. Sie müssen zunächst Alaska erreichen, ein Gebiet, das die Vereinigten Staaten 20 Jahre zuvor von Russland gekauft hatten – und dessen Grenzverlauf bis heute Gegenstand eines Rechtsstreits mit der kanadischen Regierung ist. Von dort versuchen sie, in die Städte Juneau, Skagway oder Dyea zu gelangen und schließlich eine gefährliche, mehrere hundert Kilometer weite Reise durch die zivilisationsfernen Gebiete im hohen Norden zu überstehen, bevor sie mit der Goldsuche beginnen können.

← Goldgräberboot in den Stromschnellen im Miles Canyon, Yukon, 1898

↑ Die *SS Umatilla*, mit der Jack nach Klondike fährt

>>Die ganze Wassermasse wurde in einem scharfen Bogen in den engen Durchgang gedrückt, so daß die Strömung furchtbar gesteigert und der Fluß zu mächtigen Wogen gepeitscht wurde, die grimmig ihre weißen Schaumspritzer gegen den Himmel schleuderten. Das war die gefürchtete >Mähne< des >Weißen Rosses<.<<[1]

Am 25. Juli 1897 gehört Jack London zu den Ersten, die sich auf den Weg machen. Mit James Shepard, dem Ehemann seiner Stiefschwester Eliza, geht er an Bord der *SS Umatilla*. Als sie in der Hafenstadt Juneau ankommen, nehmen die beiden die Dienste von Tlingit-Indianern in Anspruch und fahren im Kanu zuerst durch die Meerenge des Lynn Canal nach Norden, um bei Dyea in den Taiya River einzufahren, dem sie 160 Kilometer weit folgen. Diese erste Anstrengung bleibt nicht ohne Folgen für die Gesundheit Shepards, der erschöpft und krank nach Oakland zurückkehren muss. Jack schließt sich daraufhin einigen abgehärteten Männern an, denen sie unterwegs begegnet sind. Mit ihnen bricht er auf, um gemeinsam den 1067 Meter hoch gelegenen Chilkoot-Pass Richtung Kanada zu überqueren.

Der Chilkoot in ca. 1000 Meter Höhe ist der direkte Weg über die Berge in die kanadische Provinz British Columbia. Die zukünftigen Goldgräber müssen mit ihrer gesamten Ausrüstung auf dem Rücken einen steilen, eisbedeckten Bergrücken erklimmen. Werkzeug für die Goldsuche, aber auch warme Kleidung, Zelte, Decken und Nahrungsmittel werden etappenweise, in Paketen zu je 30 Kilogramm, über mehrere Tage zum Gipfel transportiert. Viele Männer sterben, sie werden Opfer ihrer Erschöpfung oder von einer Lawine mitgerissen.

Nach der Überquerung des Passes führt ein etwa 50 Kilometer langer Trail in das Gebiet der miteinander verbundenen Seen Lindeman Lake, Bennett Lake und Tagish Lake. Dort müssen sich die Männer ein Boot bauen, um auf dem Yukon flussabwärts in Richtung Nordwesten zu gelangen.

Am 8. September erreichen Jack und seine Gefährten den Lindeman Lake und bauen in kurzer Zeit ein kleines Boot, das sie *Yukon Belle* taufen. Jack wird aufgrund seiner maritimen Kenntnisse zum Kapitän ernannt. Es beginnt ein Wettlauf gegen die Zeit. Die Reisenden müssen vor Einbruch des Winters ihr Ziel erreichen, bevor die Kälte die Gewässer zu Eis erstarren lässt. Während der mehr als 650 Kilometer langen Fahrt muss

»**Männer ... beugten sich unter schweren Lasten. Ihre Beine bewegten sich schwer und stolpernd, sie waren diese Anstrengung nicht gewöhnt.**«[2]

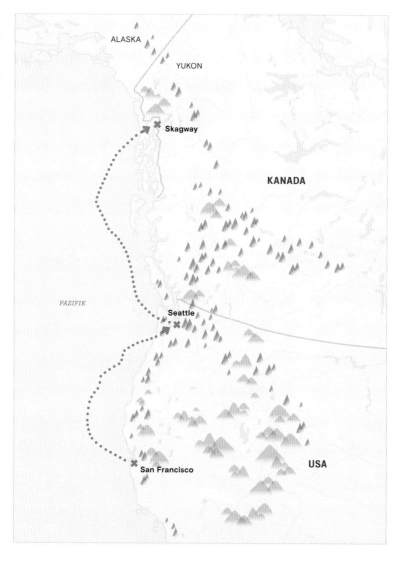

→ Kalifornier an Deck des
Schiffes, das sie von San
Francisco nach Alaska bringt,
um von dort aus in das »Land
des Goldes« zu gelangen, 1897

PORTAGE BETWEEN LAKES LINDERMAN AND BENNETT   1898

die *Yukon Belle* häufigen Stürmen und turbulenten Strömungen trotzen. Als sie die Stromschnellen von White Horse und den Box Canyon passieren, geht das Boot beinahe mit Mann und Maus unter. Einen Monat später, am 9. Oktober, erreichen sie endlich ein Goldgräbercamp an der Einmündung des Stewart River in Upper Island und beschließen, ihre Zelte am nahe gelegenen Henderson Creek aufzuschlagen und mit der Goldsuche zu beginnen.

Nachdem sie ihr Lager aufgeschlagen haben, müssen sich Jack und drei andere Gefährten auf den Weg in das 130 Kilometer entfernte Dawson City machen, um eine Lizenz zu bekommen und sich als Goldgräber registrieren zu lassen. Dawson ist die einzige größere Stadt der Region. Sie wurde in den ersten Tagen des Ansturms aus dem Boden gestampft und ist seitdem das Ziel von

↖
Goldgräber mit Hundegespann,
Yukon, 1898

Tausenden von Neuankömmlingen. Berittene Polizei sorgt für Ordnung, und in wenigen Monaten sind zahlreiche Geschäfte und Dienstleistungsanbieter entstanden: eine Post, eine Bank, Lebensmittelgeschäfte. Ein Priester, Pater William Judge, hat außerdem vor kurzem eine Kirche und ein Nothospital gebaut. Dawson ist der einzige Ort weit und breit, an dem man sich vergnügen kann. Die Bars sind Tag und Nacht geöffnet und bieten gegen ein wenig Goldstaub Alkohol, Tänzerinnen und Spieltische. Im Viertel von White Chapell stehen dicht nebeneinander mehrere Bordelle und kleine Holzhütten, in denen die Prostituierten ihre Kunden empfangen.

    Anfang Dezember, nach sechs Wochen in Dawson, kehrt Jack mit seiner Registrierungsurkunde in der Tasche an den Henderson Creek zurück: Seine Lizenz trägt die Nummer 54.

↖
Goldgräber machen sich für den Aufstieg zum Chilkoot-Pass bereit, 1898.

↑
Der Aufstieg zum Chilkoot-Pass, 1898

↑
Goldgräberboot, Yukon, 1897

→
Die Hütte der Brüder Bond,
Freunde von Jack, Yukon, 1897

»Dort redet niemand. Alle denken. Man findet seinen wahren Weg. Ich habe den meinen gefunden.«[3]

Im Yukon Territory, der nordwestlichsten Provinz Kanadas, ist mittlerweile der Winter hereingebrochen und damit jede Goldsuche unmöglich geworden. Die Goldgräber, die jetzt zurückgezogen in ihren abgeschiedenen Hütten leben, müssen sich lange Monate gedulden und eine arktische Kälte ertragen. Jack erzählte später, eine Nacht in Klondike sei vergleichbar mit »vierzig Tagen in einem Eiskeller«.[4]

Der Boden in der Hütte ist eisig kalt: Die Männer müssen immer warme Kleidung tragen und ihre Mokassins an den Füßen behalten. Auch die Lebensmittel sind gefroren und werden auf einfachen Regalen gelagert. Jack verbringt viele Stunden damit, ausgestreckt auf seiner Koje im Licht einer Petroleumlampe zu lesen. Außerdem liebt er es, die unberührte Natur ringsumher zu betrachten, deren undurchdringliche Stille ihn tief beeindruckt: »Die Natur hat viele Möglichkeiten, den Menschen von seiner Sterblichkeit zu überzeugen ..., aber am betäubendsten von allem ist die totengleiche Ruhe des weißen Schweigens. Jede Bewegung hört auf, der Himmel ist klar, das leiseste Flüstern wird eine Entweihung. Und der Mensch wird ängstlich, fürchtet sich vor dem Klang seiner eigenen Stimme. Ein winziges Atom Leben, zieht er durch die geisterhaften Weiten einer toten Welt, zittert über seine eigene Verwegenheit und erkennt, daß er ein Wurm und nicht mehr ist. Seltsame Gedanken kommen ungerufen, und das große Geheimnis aller Dinge kämpft um Enthüllung. Die Furcht vor dem Tode, vor Gott, vor dem All kommt über ihn - die Hoffnung auf Auferstehung und Leben, die Sehnsucht nach Unsterblichkeit, die gebundene Kraft seines Wesens, die sich vergebens müht, frei zu werden - ja, wenn je, so wandert der Mensch dann allein mit Gott.«[5] Jack sah den hohen Norden immer als einen hervorragenden Ort, um die menschliche Natur zum Vorschein kommen zu lassen, und erklärte, in Klondike habe er »sich selbst gefunden«.

Um das zu bezeugen, ritzt er in die Wand der Hütte eines Freundes folgende Worte: »Jack London, Goldsucher, Schriftsteller.«[6]

Wenn er Gesellschaft möchte, besucht Jack die anderen Goldsucher in seiner Nähe, um mit ihnen ein Glas zu trinken, ein paar Zigaretten zu rauchen oder Karten zu spielen. Meistens kommen sie in der Hütte des Frankokanadiers Louis Savard zusammen, weil dort am meisten Platz und ein großer Kamin ist.

Burning Daylight
(Lockruf des Goldes)

Das erste in Form einer Fabel geschriebene Drittel des Romans *Burning Daylight* (1910) spielt in den Weiten des hohen Nordens zur Zeit des Goldrauschs. Die Hauptfigur, der Goldsucher Elam Harnish, wird wegen seiner Vitalität und seiner Begeisterungsfähigkeit »Burning Daylight« genannt. Er ist eine Naturgewalt, in ganz Klondike berühmt, und seine Besuche in den Saloons von Dawson City sind immer ein Ereignis der besonderen Art. Nach zwölf Jahren der Goldsuche stößt Elam endlich auf eine sagenhafte Goldader. Als gemachter Mann kehrt er nach Kalifornien zurück, um sich als Geschäftsmann einen Namen zu machen. Auch in der Finanzwelt ist er erfolgreich. Aber der Erfolg hinterlässt bei ihm einen bitteren Nachgeschmack. Angeekelt von einem korrupten und sittenlosen System, verspürt er das Bedürfnis, seinem Leben einen anderen Sinn zu geben. Als er sich verliebt, zieht er sich auf seine Ranch zurück, um an der Seite seiner Gefährtin ein einfaches Leben zu führen.

HOUSEKEEPING IN THE KLONDIKE

BY JACK LONDON

ILLUSTRATED BY E. W. DEMING

OUSEKEEPING in the Klondike—that's bad! And by *men*—worse. Reverse the proposition, if you will, yet you will fail to mitigate, even by a hair's-breadth, the woe of it. It is bad, unutterably bad, for a man to keep house, and it is equally bad to keep house in the Klondike. That's the sum and substance of it. Of course men will be men, and especially is this true of the kind who wander off to the frozen rim of the world. The glitter of gold is in their eyes, they are borne along by uplifting ambition, and in their hearts is a great disdain for everything in the culinary department save "grub." "Just so long as it's grub," they say, coming in off trail, gaunt and ravenous, "grub, and piping

"SARCASTIC COMMENTS ON THE WAY YOU FRY THE BACON."
Drawn by E. W. DEMING.

←
In *Housekeeping in the Klondike* beschreibt Jack London das Leben der Goldgräber, *Harper's Bazaar*, 15. September 1900.

↓
Folgende Doppelseite: Goldgräber, 1898

Am Feuer entspannen sich lebhafte Diskussionen. Jack ergreift häufig das Wort, um über seine Lieblingsthemen - darunter Darwin, Spencer oder die sozialistische Ideologie - zu sprechen. Obwohl er damals erst 21 ist, zieht er sein neues Publikum schnell in den Bann: »Wer ihm begegnete, konnte sich der Überlegenheit seines Geistes nicht entziehen«,[7] berichtet einer seiner Gefährten.

Oft nehmen die Männer ihre Mahlzeit gemeinsam ein. Fast immer gibt es Bohnen mit Speck aus der Pfanne und dazu einige Scheiben Brot. Ganz selten unterbricht ein auf der Jagd geschossener Elch diese Routine.

Als der Frühling kommt und die Schneedecke zu schmelzen beginnt, kann die Goldsuche endlich beginnen. Aber Jacks Spatenstiche fördern nicht einmal eine kleine Goldader zutage. Schnell wird klar, dass der Yukon für ihn nicht das erhoffte Eldorado ist. Seine mangelnde Erfahrung spielt sicherlich eine Rolle, aber auch sein schlechter Gesundheitszustand: Er leidet an Skorbut, dieser »Lepra der Arktis«, die durch Mangelernährung, vor allem den Mangel an frischem Gemüse, hervorgerufen wird. Die Krankheit zehrt ihn aus. Sein Zahnfleisch blutet, seine Zähne lockern sich, sein Gesicht schwillt an. Obwohl er mehrere Tage lang im Hospital von Dawson behandelt wird, verschlechtert sich sein Zustand zusehends. Wenn er überleben will, muss er so schnell wie möglich nach Kalifornien zurückkehren.

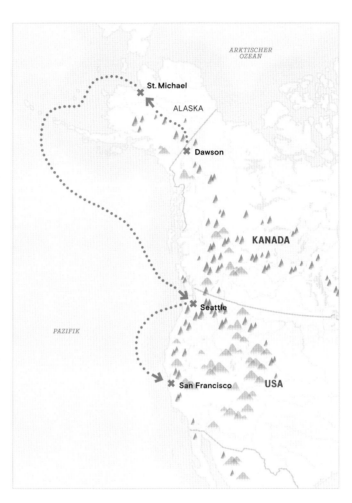

Am 8. Juni 1898 geht er mit zwei Gefährten an Bord eines kleinen Bootes und fährt 2500 Kilometer den Yukon flussabwärts, zunächst Richtung Norden, über die Grenze zu Alaska und bis zum Polarkreis, bevor der Fluss sich nach Westen wendet, um ins Beringmeer zu münden. Nach 20 Tagen auf dem Boot erreicht er die Küstenstadt St. Michael, einen geschäftigen Handelsplatz der Ureinwohner, wo vor kurzem ein Militärstützpunkt der Vereinigten Staaten errichtet wurde. Es gelingt ihm schließlich, an Bord eines Schoners Seattle zu erreichen, von wo aus er sich auf einem Dampfschiff auf den Weg in Richtung San Francisco machen kann.

Smoke Bellew
(Alaska-Kid)

Smoke Bellew (1912) ist das letzte Werk Jack Londons über den hohen Norden. Auch hier schreibt er über die harten Lebensbedingungen im Yukon Territory, diesmal jedoch in einem anderen, humorvolleren Ton. In den zwölf Kurzgeschichten des Buches geht es um die Hauptfigur Christopher Bellew, einen Journalisten aus San Francisco, der sich in das Abenteuer der Goldsuche stürzt, um literarische Anregungen zu sammeln. Er reist auf der *SS Excelsior* nach Alaska, überwindet den Chilkoot-Pass, bezwingt die Stromschnellen des Yukon River und erreicht Dawson City, wo er an einem Schlittenrennen teilnimmt, um die Lizenz für den einträglichsten Claim zu gewinnen. Er erlebt all diese Abenteuer an der Seite eines anderen Goldgräbers, den er unterwegs getroffen hat und der von allen Shorty gerufen wird, weil er so klein ist – die beiden geben ein komisches Paar ab. Auch Christopher bekommt unterwegs einen Spitznamen: Smoke Bellew, weil er so schnell ist.

 Straße in Dawson City,
Yukon, 1899

→ Zu den ersten veröffentlichten
Texten Jack Londons ge-
hören: *The Son of the Wolf*
(in *Overland Monthly*, April
1899), *Semper Idem* (in *The
Black Cat*, Dezember 1900),
Two Gold Bricks (in *The Owl*,
September 1897).

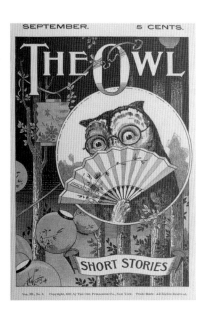

Zurück in Oakland, erfährt Jack, dass sein Stiefvater John London während seiner Abwesenheit gestorben ist. Obwohl er mittellos ist, muss er jetzt allein für seine Familie aufkommen. Der Verkauf des wenigen Goldstaubs bringt ihm gerade mal 4 Dollar und 50 Cent ein, und obwohl er den Skorbut schnell überwindet, gelingt es ihm nicht, einen Job zu finden. Wild entschlossen beschließt er deshalb, sich wieder in die Schriftstellerei zu stürzen.

Er überschwemmt Verleger und Zeitschriften mit Kurzgeschichten, Artikeln, Gedichten, Liedtexten und Bühnenstücken. Er muss sich sogar Geld für die Briefmarken leihen und seine wenigen Besitztümer im Pfandhaus versetzen: seine Uhr, sein Fahrrad, seinen Regenmantel ... Monatelang bekommt er seine Texte regelmäßig zurück. Trotzdem will er die Hoffnung nicht verlieren, weil er davon überzeugt ist, dass seine Schriftstellerei Fortschritte macht und er am Ende Erfolg haben wird: »Ich werde weiterschreiben und die Verleger werden letzten Endes meine Arbeit akzeptieren, ob sie es wollen oder nicht. Irgendwann werden sie sich freuen anzunehmen, was sie jetzt ablehnen, und mir einen guten Preis dafür zahlen. Irgendwann werde ich mein großes Werk zu Ende führen.«[9]

Seine Abenteuer im hohen Norden sind für Jack ein großartiger Quell literarischer Inspiration, und er beabsichtigt, nicht nur das niederzuschreiben, was er selbst erlebt hat, sondern auch

»Die Worte flossen ihm aus der Feder.«[8] (Martin Eden)

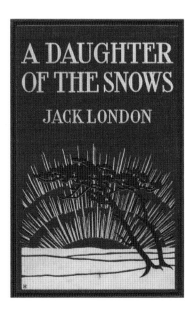
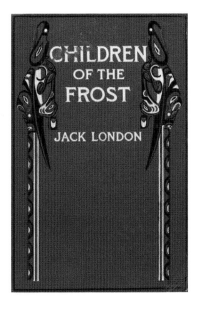

Goldgräber, 1898

Zu den ersten veröffentlichten Büchern Jack Londons gehören: *The Son of the Wolf* (Houghton, Mifflin Co., 1900), *A Daughter of the Snows* (J. B. Lippincott Co., 1902), *Children of the Frost* (The Macmillan Co., 1902).

die zahlreichen Berichte der anderen Goldgräber, der Trapper und Indianer: Männer im Kampf gegen Kälte, Einsamkeit, Wölfe und - natürlich - den Wahnsinn des Goldrauschs. Nach und nach wird er für seine Mühe belohnt. Im Januar 1899, sechs Monate nach seiner Rückkehr, erscheint eine erste Kurzgeschichte, *To the Man on Trail*, in der Zeitschrift *Overland Monthly*. Sie bringt ihm fünf Dollar ein.

Weitere folgen ihr innerhalb weniger Monate, unter anderem *A Thousand Deaths*, *In a Far Country* und *From Dawson to the Sea*. Am 7. April 1900 erscheint ein erster Sammelband unter dem Titel *Son of the Wolf*. Ein zweiter, *God of his Fathers & Other Stories*, kommt im darauffolgenden Jahr heraus, dann ein dritter unter dem Titel *Children of the Frost* im Jahr 1902.

Jacks realistischer Stil, frei vom Staub der stilistischen Kunstgriffe der viktorianischen Literatur des 19. Jahrhunderts, begeistert Leser und Kritiker. Letztere sind, in New York wie in San Francisco, voll des Lobes und nennen ihn »den Kipling des hohen Nordens«.

The White Man's Way

By JACK LONDON

"To cook by your fire and to sleep under your roof for the night," I had announced on entering old Ebbits' cabin; and he had looked at me blear eyed and vacuous, while Zilla had favored me with a sour face and a contemptuous grunt. Zilla was his wife, and no more bitter tongued, implacable old squaw dwelt on the Yukon. Nor would I have stopped there had my dogs been less tired or had the rest of the village been inhabited. But this cabin alone had I found occupied, and here, perforce, I took shelter.

Old Ebbits now and again pulled his tangled wits together, and hints and sparkles of intelligence came and went in his eyes. Several times in course of the preparation of my supper he even essayed hospitable inquiries about my health, the condition and number

these shall go into other mouths than thine and mine, old man."

Ebbits nodded his head and wept silently.

"There be no one to hunt meat for us!" she cried, turning fiercely upon me.

I shrugged my shoulders in token that I was not guilty of the unknown crime imputed to me.

"Know, oh white man, that it is because of thy kind, because of all white men, that my man and I have no meat in our old age and sit without tobacco in the cold."

"Nay," Ebbits said gravely, with a stricter sense of justice. "Wrong has been done us, it be true;

lost. Does the white man like tobacco? I do not know. But if he likes tobacco, why does he spit out its value and lose it in the snow. It is a great foolishness and without understanding."

He ceased, puffed at the pipe, found that it was out, and passed it over to Zilla, who took the sneer at the white man off her lips in order to pucker them about the pipe stem. Ebbits seemed sinking back into his senility with the tale untold, and I demanded:

"What of thy sons Moklan and Bidarshik? And why is it that you and your old woman are without meat at the end of thy years?"

He roused himself as from sleep, and straightened up with an effort. "It is not good to steal," he said. "When the dog takes your meat you beat the dog with a club. Such is the law. It is the law the

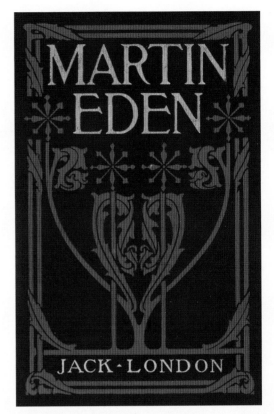

Martin Eden (1909)

»Ich ... ich bin Martin Eden.«[10] Anhand Martin Edens, der Hauptfigur des gleichnamigen Romans, schildert Jack London größtenteils autobiografisch seine literarischen Anfänge. Martin, ein mittelloser junger Seemann ohne Schulabschluss, ist fest entschlossen, sein altes Leben hinter sich zu lassen und den gesellschaftlichen Aufstieg zu schaffen: »Er war eine Kämpfernatur und kämpfte zäh und mit ganzer Seele ...«[11] Die schönen Augen einer jungen Frau aus den besseren Kreisen San Franciscos bewegen ihn zu dem Entschluss, Schriftsteller – und damit reich und berühmt – zu werden. Er befasst sich mit Grammatik, studiert Romane, Theaterstücke und Gedichte und untersucht den Stil bekannter Schriftsteller: »Er kämpfte im Finstern, ohne Rat, ohne Ermunterung.«[12] Martin muss zahllose Absagen hinnehmen. Dank harter Arbeit setzt sich sein realistischer, vom literarischen Zeitgeschmack abweichender Stil aber letztlich durch und lässt ihn zu einem berühmten Schriftsteller werden.

←
Vorabdruck der Kurzgeschichte *The White Man's Way* im *Sunday Magazine* der *New York Tribune*, 4. November 1906

↑
Jack London

BERÜHMTER

No. 19.

SCHRIFTSTELLER

D ie Vereinigten Staaten stehen am Anfang des 20. Jahrhunderts, und für Jack beginnt ein neues Leben. Er ist jetzt ein angesehener Schriftsteller, und auch sein Privatleben ändert sich von Grund auf: Am Tag, an dem sein erstes Buch erscheint, heiratet er seine Freundin Bessie Maddern, die ihn bei der Vorbereitung auf die Aufnahmeprüfung in Berkeley unterstützt hatte. Die große Liebe ist es für ihn nicht, aber mit der Zeit hat sich zwischen den beiden eine enge Verbundenheit entwickelt. Bessie kommentiert und überarbeitet seine Manuskripte, sie unternehmen gern lange Fahrradtouren oder machen Picknick in den umliegenden Hügeln.

Das Paar richtet sich in einem großen Haus mit sieben Zimmern in Oakland ein, und Jack organisiert sein Leben nach einem strengen Plan: Täglich setzt er sich an den Schreibtisch und zwingt sich, mindestens 1000 Wörter zu schreiben. Diese strikte Regel behält er sein Leben lang bei. In der übrigen Zeit geht er zahlreichen sportlichen Aktivitäten nach – er ficht, boxt, schwimmt, segelt oder

←
Jack London

↑
Jack und Bessie, 1902

↑
Jack und Bessie,
zwischen 1900 und 1902

←
Jack und Bessies erstes
Haus in der 15th East
Street Nr. 1130, Oakland

↑
Jack mit Bessie (links) und
Mabel Applegarth (seine
erste große Liebe, die ihn
zur Figur der Ruth Morse
in *Martin Eden* inspirierte),
zwischen 1900 und 1902

Damals erleben die Printmedien in den Vereinigten Staaten einen nie dagewesenen Aufschwung. Obwohl es im Land seit 1870 fast genauso viele Zeitungen gibt wie im Rest der Welt, verdoppelt sich diese Zahl innerhalb von zehn Jahren. Diese Entwicklung wird noch weiter beschleunigt, als um 1885 die Zeilensetzmaschine erfunden wird und für eine Revolution in der Drucktechnik sorgt. Bislang mussten die Drucker Texte manuell mit einzelnen Drucktypen setzen. Jetzt können die Wörter in Rekordzeit direkt über eine Tastatur eingegeben und Zeitschriften mit einer viel höheren Seitenzahl gedruckt werden. Die Zeitungsverleger bauen damals regelrechte Imperien auf, die sich auf prestigeträchtige Zeitungen mit immens hohen Auflagen stützen: Joseph Pulitzer gehört die *New York World*, William Randolph Hearst das *New York Journal* und der *San Francisco Examiner*, Frank Munsey die *Washington Times*, und Adolph Ochs die *New York Times*. Auch Presseagenturen, unter anderen die Associated Press und die United Press, werden gegründet und eröffnen erste Büros im Ausland.

Die Zusammenarbeit mit den großen Zeitungen garantiert Jack, dessen Geschichten jetzt bekannt sind, einen bedeutenden Teil seines Einkommens.

1902 wird Jack von der American Press Association gebeten, nach Südafrika zu reisen, um vor Ort die Berichte des britischen Generalstabs über den gerade beendeten Zweiten Burenkrieg zusammenzutragen. Während er die Vorbereitungen trifft, um nach Europa zu reisen, wo er Station machen will, wird sein Auftrag storniert, da die Offiziere Afrika soeben verlassen haben. Er beschließt, trotzdem nach England zu reisen, weil er ein Buch über das Londoner Elendsviertel East End schreiben möchte. Nachdem er seinen

↓
Notleidende stehen Schlange vor dem Gebäude der Heilsarmee im Londoner East End, 1902. (Foto von Jack London)

↓
Jack kleidet sich wie ein mittelloser Seemann, um sich unter die gescheiterten Existenzen im Londoner East End zu mischen, 1902.

New Yorker Verleger von diesem neuen Projekt überzeugen konnte, geht er an Bord eines Dampfschiffes nach Liverpool und erreicht London im August 1902.

    Das East End ist ein auch heute noch eher ärmliches Stadtviertel nördlich der Themse, in dem zur Zeit der starken Ausdehnung Londons Anfang des 19. Jahrhunderts alle Unterprivilegierten und Einwanderer zusammengeführt wurden. Jack beschließt, für seine Nachforschungen mitten unter ihnen zu leben, indem er sich in alten, verschlissenen Kleidern als amerikanischer Seemann ausgibt.

    Mehrere Monate lang teilt er den hoffnungslosen Alltag der Menschen im East End, um so genau wie möglich über ihre grauenhaften Lebensbedingungen berichten zu können. Was er dort sieht, übersteigt alles, was er bisher erlebt hat: Die vom System gebrochenen Armen wohnen in Elendsbehausungen oder stehen für eine Mahlzeit und ein Bett stundenlang vor den Obdachlosenasylen

↑
Notleidende stehen Schlange vor dem Gebäude der Heilsarmee im Londoner East End, 1902.
(Foto von Jack London)

Notleidende im Londoner
East End, 1902
(Fotos von Jack London)

Schlange. Das Gesetz verbietet, unter freiem Himmel zu schlafen, und wenn die Asyle besetzt sind, müssen diese Ausgestoßenen die ganze Nacht durch die Straßen irren und in Abfalleimern nach etwas Essbarem suchen. Sie haben jede Hoffnung verloren, irgendwann einmal eine Arbeit zu finden.

»... in einer Sekunde war ich zu einem der ihren geworden.«[1]

Jacks Beschreibung ist grauenerregend: »Ost-London ist ein solches Ghetto, wo die Reichen und die Machthaber nicht wohnen, wohin der Reisende nie kommt, wo aber zwei Millionen Arbeiter leben, sich vermehren und sterben.«[2]

»... ein Volk des Rinnsteins, ohne Rückgrat und Stärke. Männer werden zu Karikaturen dessen, was menschliche Geschöpfe sein sollen, und ihre Frauen und Kinder sind blaß und blutarm, hohläugig, rundrückig und krumm, früh verlassen von Wohlgestalt und Schönheit. ... Ein verringertes Geschlecht, das nur aufgespart ist, um weiter verringert zu werden.«[3] Der Titel seines im darauffolgenden Jahr veröffentlichten Buchs, *The People of the Abyss*, lässt keine Fragen offen.

↑
Die Quais von Paris, 1902
(Foto von Jack London)

↑
Venedig, 1902
(Foto von Jack London)

»Es gibt keine Straße in London, wo man den Anblick der tiefsten Armut meiden kann.«[4]

In diesem Werk untermauert Jack seine empörten Worte mit zahlreichen Fotos, die er selbst mit einem kleinen, handlichen und unauffälligen Apparat aufgenommen hat. Seit einiger Zeit schon ist er von dieser Technik begeistert, deren jüngste Entwicklungen er geschickt für seine eigenen Zwecke zu nutzen weiß. Der Zelluloidfilm ersetzte nach und nach das System der sperrigen und empfindlichen fotografischen Glasplatten, und 1898 kamen neue tragbare Fotoapparate auf den Markt. Jack erwirbt eine Kodak 3A, eine faltbare Kamera, die in einer einfachen Tasche Platz findet. Sie wird zu einem unentbehrlichen Begleiter auf all seinen Reisen.

Bevor er in die Vereinigten Staaten zurückkehrt, beschließt Jack, sich außerplanmäßig eine Reise durch Europa zu gönnen, und fährt mit dem Zug durch Frankreich und Italien. Er erfährt von der Geburt seiner zweiten Tochter Beckie am 20. Oktober 1902 und begibt sich auf die Rückreise. Am 4. November kommt er mit seinem Manuskript und seinen Fotos im Koffer in New York an.

Trotz der Geburt ihres zweiten Kindes scheinen Jack und Bessie als Paar in eine Sackgasse geraten zu sein. Vom ersten Ehejahr an ist ihre Beziehung immer schlechter geworden. Bessie entpuppt sich als kalte und fantasielose Frau, die in ihrer Rolle als Mutter aufgeht. Jack hat Beziehungen mit anderen Frauen, unter anderem mit Anna Strunsky, einer jungen Jüdin, deren Eltern aus dem zaristischen Russland geflohen sind. Sie teilen dieselben sozialistischen Anschauungen und die Begeisterung für die Literatur. 1902 haben sie sogar gemeinsam *The Kempton-Wace Letters* geschrieben, einen Roman in Briefform, der von der Natur der Liebe handelt.

Jack ist 26 Jahre alt, als er aus Europa zurückkehrt. Ein kultivierter, herzlicher Mann, dessen virile Schönheit niemanden kaltlässt. »Er verkörperte die Jugend, das Abenteuer,

↓
Originaleinband des Buchs
The People of the Abyss
(The Macmillan Co., 1903)

↘
Werbeanzeige aus dem
Jahr 1908 für die Kodak 3A,
mit der auch Jack London
fotografierte

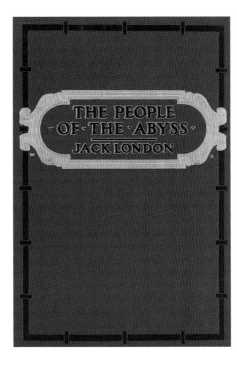

↑
Jack mit seinen beiden
Töchtern Beckie und Joan,
1906

→
Originaleinband des Romans
The Kempton-Wace Letters
(The Macmillan Co., 1903),
verfasst von Jack London
und Anna Strunsky. In diesem
Roman diskutieren die beiden
Hauptfiguren über ihre Vor-
stellungen von Liebe: Der
Mann vertritt die Idee einer
überlegten Zweierbeziehung,
deren maßgebliches Ziel die
Zeugung, der Fortbestand
und die Verbesserung der
menschlichen Spezies ist.
Die Frau hingegen ist der
Meinung, dass die Liebe jeder
Vernunft entbehrt und genau
das ihre Größe und Schönheit
ausmacht.

→
Anna Strunsky

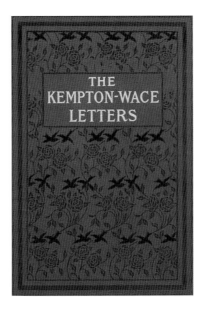

die Romantik«, berichtete Anna Strunsky einige Jahre später. »Er war Dichter und Denker. Er hatte eine außergewöhnliche Begabung für Freundschaft. Er liebte mit ganzem Herzen und wurde von ganzem Herzen geliebt.«[5] Die eifrigen Bewunderinnen, die ihn unaufhörlich umschwärmen, wecken in Bessie Eifersucht und Wut. Um der bedrückenden Stimmung zu Hause zu entfliehen, kauft er ein kleines Segelboot, die *Spray*, mit dem er allein oder mit Freunden in der Bucht und auf den benachbarten Flüssen unterwegs ist. Ende Juli 1903 teilt er Bessie mit, dass er sie verlassen will.

Gleichzeitig bekommt Jacks Karriere einen neuen Schub. Am 20. Juni 1903 erscheint eine erste Folge seines neuen Romans *The Call of the Wild* im Feuilleton der *Saturday Evening Post*. In Buchform wird der Roman einige Wochen später veröffentlicht. Während sein Erstling *A Daughter of the Snows* (1902) die Kritiker enttäuscht hat, wird dieses Buch mit Begeisterung aufgenommen und verändert Jacks Leben von Grund auf.

 Erzählt wird hier die Geschichte des Hundes Buck, der entführt und zur Zeit des Goldrauschs in die eisige Region am Klondike

↑
Jack am Ruder der *Spray*,
zwischen 1903 und 1904

↑
Jack Londons *Spray* in der
Bucht von San Francisco,
zwischen 1903 und 1904

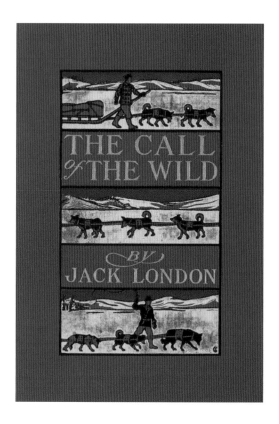

⌐
Originaleinband von *The Call
of the Wild* (The Macmillan
Co., 1903). Dieses Buch ist bis
heute das bekannteste Werk
Jack Londons und wurde
mehrfach verfilmt. Zu den
bekanntesten gehören die
Filme von William A. Wellman
aus dem Jahr 1935, mit Clark
Gable, und von Ken Annakin
aus dem Jahr 1972, mit
Charlton Heston.

River verschleppt wird. Verdammt zu einem Dasein als Schlittenhund, muss er sich, wenn er überleben will, an diese unwirtliche, feindselige und gefährliche Umgebung anpassen. Als sein neuer Herr verschwindet, beschließt er, getrieben von seinem Instinkt, die Gemeinschaft der Menschen zu verlassen und sich seinen wilden Vorfahren, den Wölfen, anzuschließen: »Wenn die Wölfe vor den langen Winternächten des Nordens fliehen und ihren Beutetieren zum Süden folgen, dann läuft Buck in langen Sätzen an der Spitze des Rudels und stimmt beim bleichen Scheine der Mitternachtssonne mit ein in den uralten Sang der Wölfe.«[6]

Jack erzählt von der Odyssee des Hundes, um seine eigene tiefsinnige Philosophie und die Albträume, die ihn verfolgen, zum Ausdruck zu bringen: Wie sein Alter Ego Buck musste auch Jack ums Überleben kämpfen und seinen Lebensweg finden. Die Figur des Wolfs, die von da an als Exlibris am Anfang all seiner Werke abgedruckt sein sollte, wird zu Jacks Signum.

**»Man hatte entdeckt, daß er ein kraftvoller Stilist war.«[7]
*(Martin Eden)***

→
Jack London

The *Call of the Wild* wird zum Bestseller des Jahres 1903. Dieser Erfolg sollte im Laufe der Jahre nicht nachlassen - Millionen Exemplare wurden verkauft, die für ihren Verfasser allerdings nicht das große Geld bedeuteten: Unter dem Druck seiner Schulden hatte Jack seinem Herausgeber die Rechte für einen Pauschalbetrag von 2000 Dollar verkauft. Nichtsdestotrotz hat das Buch aus ihm einen Star von Weltrang gemacht, um den sich die Zeitschriften reißen.

← ↓
Erstveröffentlichung der ersten Folge als Fortsetzungsroman: *The Call of the Wild* in der *Saturday Evening Post*, 20. Juni 1903

↖
Dieses Exlibris mit seinem Namen und einem Wolfskopf ist in allen Werken Jack Londons zu finden.

KRIEGSBERICHT–

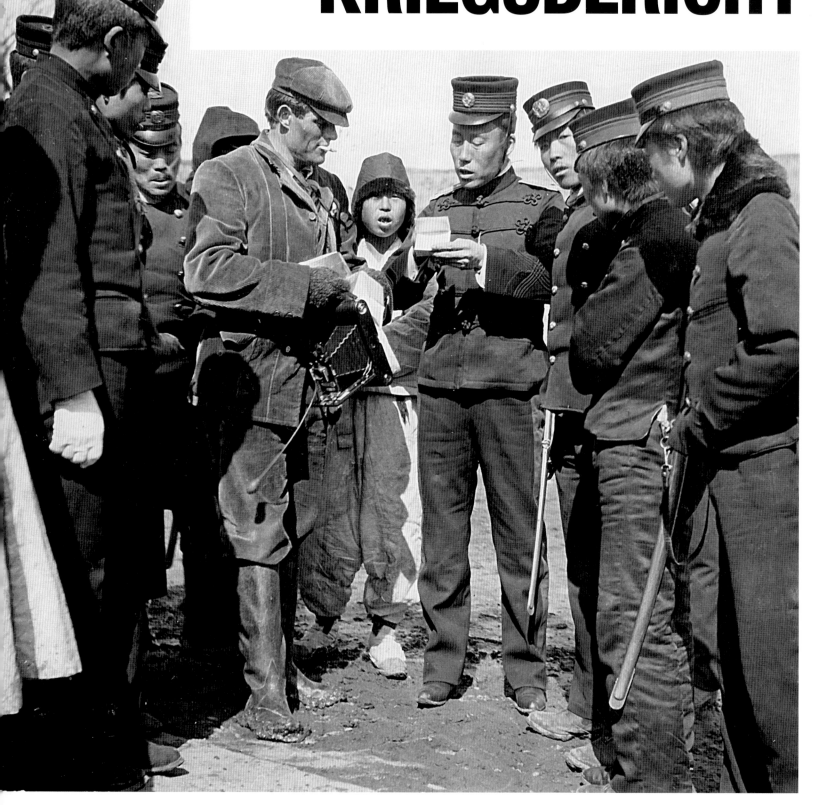

ER-STATTER

Trotz seines Erfolges jagt Jack weiterhin dem Geld nach. Mit der Trennung von Bessie sind seine finanziellen Verpflichtungen noch größer geworden, da er jetzt drei Häuser mieten und unterhalten muss: ein Haus für seine Mutter, eins für Bessie und seine beiden Töchter und eins für sich selbst; davon abgesehen muss dieser kleine Kosmos natürlich auch gekleidet und ernährt werden. Als der Pressemagnat William Randolph Hearst ihm vorschlägt, als Kriegsberichterstatter nach Asien zu reisen, um dort eine Artikelserie für den *San Francisco Examiner* zu schreiben, packt er die Gelegenheit beim Schopfe.

Im Februar 1904 ist zwischen Russland und Japan ein Konflikt um die Kontrolle Koreas und der Mandschurei ausgebrochen. Diese Gebiete sind nicht nur besonders reich an Bodenschätzen, sondern bieten auch einen strategisch wichtigen Zugang zum Pazifik. 1903 hatte Russland zudem die Transmandschurische Eisenbahn fertiggestellt, eine Abkürzungsroute der Transsibirischen Eisenbahn quer durch die Mandschurei zur russischen Hafenstadt

←
Jack wird von japanischen Soldaten kontrolliert, Korea, 1904

↑
William Randolph Hearst, bedeutender amerikanischer Pressemagnat. Jack London schrieb für mehrere Zeitschriften Hearsts, insbesondere für die Tageszeitung *The San Francisco Examiner* und die Zeitschriften *Collier's, Cosmopolitan* und *Harper's Bazaar*.

Jack London

→
Mannschaft und Passagiere
der Dschunke, auf der Jack
an der koreanischen Küste
in Richtung Tschemulpo
unterwegs ist, 1904
(Foto von Jack London)

↑
Jack in Korea, 1904

↑
Einheimische in Mokpo, Korea,
1904 (Foto von Jack London)

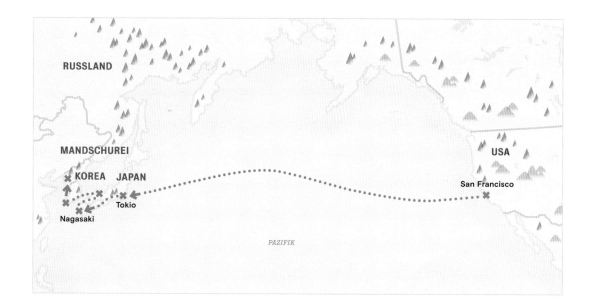

Wladiwostok. Nach einem Angriff auf die russische Flotte vor der Hafenstadt Port Arthur in der südlichen Mandschurei erklärt das japanische Kaiserreich Zar Nikolaus II. den Krieg, und die Japaner starten eine Bodenoffensive von Korea aus.

Am 7. Januar 1904 geht Jack an Bord der *SS Siberia* und erreicht am 24. Januar Yokohama. Die Weiterreise gestaltet sich zunächst als schwierig, er wird zeitweise von den japanischen Behörden festgehalten und jagt mit Rikschas und in Zügen vergeblich einer Schiffsverbindung nach Korea hinterher. Schließlich erreicht er auf einem Dampfschiff das südkoreanische Busan. Dort mietet er eine Dschunke mitsamt einer dreiköpfigen koreanischen Mannschaft, um entlang der Küste vom Japanischen ins Chinesische Meer nach Tschemulpo (heute: Incheon) zu gelangen. Trotz einiger Verständigungsschwierigkeiten an Bord und mit vom Sturm zerstörtem Mast und Ruder erreicht er Gunsan an der koreanischen Westküste, wo er ein neues Schiff mietet. Die Reise kann mit einer japanischen Mannschaft fortgesetzt werden, bleibt aber anstrengend und hindernisreich: Bei Minustemperaturen und heftigem Seegang müssen sie immer wieder den Felsriffen ausweichen, während eisige Wellen das Deck überspülen. Nach harten Tagen auf See und Nächten in winzigen Fischerdörfern, in denen er wohl der erste Weiße ist, den die Bevölkerung zu sehen bekommt, erreicht er am 16. Februar endlich die Bucht von Tschemulpo, wo das Gros der japanischen Truppe stationiert ist.

Jack hofft, von Tschemulpo aus die chinesische Grenze auf dem Landweg erreichen zu können. Er lernt einen anderen amerikanischen Korrespondenten kennen, der bereits vor der

»Tag für Tag kommen Schiffe aus Japan an, werfen ihre Anker im Vorhafen aus und entladen Männer, Pferde und Gebirgsartillerie ..., die dann mit dem Zug in das 45 Kilometer entfernte Seoul weitertransportiert werden.«[1]

↑
Jack in Korea, 1904

→
Vorrücken der japanischen
Truppen in Korea, 1904
(Foto von Jack London)

Vorrücken der japanischen
Truppen in Korea, 1904
(Fotos von Jack London)

↑
Koreanische Flüchtlinge, 1904
(Foto von Jack London)

←
Der Hafen von Dandong,
Mandschurei, 1904
(Foto von Jack London)

← Kriegsberichterstatter
beobachten die Schlacht
am Yalu, 1904
(Foto von Jack London)

↓ Folgende Doppelseite:
Der Hafen von Dandong,
Mandschurei, 1904
(Foto von Jack London)

Absperrung der Kriegszone durch die japanischen Behörden dort angekommen ist, und beschließt, gemeinsam mit ihm die Reise fortzusetzen. Bevor sich die beiden Männer in Richtung Norden auf den Weg machen, kaufen sie zwei Reit- und drei Packpferde und engagieren einen japanischen Dolmetscher, einen Koch sowie zwei koreanische Stallknechte. Da die Verkehrswege für die Armee reserviert sind, müssen sie Gebirgszüge und vereiste Reisfelder überqueren – der Seefahrer Jack lernt dabei wohl oder übel das Reiten. Obwohl man ihnen in Pjöngjang befiehlt umzukehren, ziehen sie weiter. Sie stoßen so weit Richtung Front nach Norden vor wie kein anderer westlicher Korrespondent. Am 9. März werden sie schließlich 24 Kilometer nördlich von Pjöngjang in Sunan verhaftet. Man beordert die beiden zurück nach Seoul, wo sie von den Behörden gezwungen werden, auf die anderen Berichterstatter aus Tokio zu warten. Frustration macht sich breit. Am 16. April gelingt es Jack endlich, die Stadt zu verlassen und mit seinem Pferd an die Grenze zur Mandschurei zu gelangen. Er verpasst jedoch die erste große Landschlacht des Krieges am Grenzfluss Yalu am 1. Mai: Der japanische Generalstab hält die Journalisten an einem speziell für diesen Zweck eingerichteten Beobachtungsposten in fast 65 Kilometer Entfernung auf Abstand. Jack verlässt endgültig der Mut, und er begreift, dass ihm der Zugang zur Front verwehrt bleiben wird.

Ein Zwischenfall beendet sein koreanisches Abenteuer schnell: Er erwischt den Burschen eines Offiziers dabei, wie er Jacks Sachen durchwühlt, und

schlägt ihn. Jack wird verhaftet und läuft Gefahr, vors Kriegsgericht gestellt zu werden. Präsident Theodore Roosevelt, der von seinem Konsul in Tokio über die Angelegenheit informiert wird, muss sich persönlich für Jacks Freilassung einsetzen, der schließlich des Landes verwiesen wird und Mitte Juni von Yokohama nach San Francisco zurückfährt.

»Ich habe fünf Monate meines Lebens in diesem Krieg vergeudet«,[2] sagte er später dazu. Dennoch hat Jack mit insgesamt 19 geschriebenen Artikeln die umfassendste Berichterstattung über die ersten Monate dieses Krieges geleistet. Darüber hinaus hat er ein bedeutendes fotografisches Zeugnis der Leiden des koreanischen Volkes abgelegt, vor allem aber auch ein Bewusstsein für die imperialen Machtansprüche des japanischen Kaiserreichs und die Stärke der damals unterschätzten japanischen Armee geschaffen.

Nach Jacks Abfahrt dauerte der Russisch-Japanische Krieg noch ein Jahr an. Seine Dauer, die Art der Kriegsführung zu

»Ich bin in diesen Krieg gekommen, um Nervenkitzel zu erleben. Mein einziger Nervenkitzel waren Empörung und Ärger.«[3]

↑
Jack schreibt einen
seiner Artikel in seinem
Hotelzimmer, Seoul, 1904

→
Russische Kriegs-
gefangene, 1904
(Foto von Jack London)

PROGRESS!
During the first Twenty-three Days of APRIL

"THE EXAMINER" Printed **30,152 Inches** Of Advertising **A GAIN OF** 2,655 Inches or 132½ Cols. over the corresponding time of April, 1903.

The San Francisco Examiner

THE WEATHER
Forecast made at San Francisco for 30 hours ending midnight April 25, 1904: San Francisco and vicinity—Partly cloudy Monday; fresh southwest wind.
G. H. WILLSON, Local Forecaster.

VOL. LXXX.   MONDAY   SAN FRANCISCO, APRIL 25, 1904.   MONDAY   NO. 115.

JACK LONDON THE VICTIM OF JEALOUS CORRESPONDENTS

PUNISHED FOR ALERTNESS.--

On the protest of the discomfited and disgruntled war correspondents sitting around in remote Japanese towns, Jack London has been ordered back from the front. He was the only representative sent out by the American or British press who succeeded in getting close to the firing line. He was the only war correspondent who sent authentic news from the front, and he has sent the only real photographs from the seat of war.

Of course the exclusive matter sent by London to the Hearst newspapers raised a tremendous commotion in the home offices. Angry inquiries were sent out to the correspondents, complaining that they had allowed themselves to be beaten ignominiously. If London could get the real news what were they about? In this awkward predicament—awkward for the men who get left—the correspondents united in a tearful protest to the Japanese military censorship at Tokio, begging that London be recalled from Sunan, so as to save the reputation of the long lost correspondents. Their humble petition was granted. London was ordered back from Sunan to Seoul.

As a matter of fact, Jack London took serious risks in getting to the front and underwent severe hardships. He made his way north in an open boat with the thermometer fourteen degrees below zero at the risk of his life. The other correspondents for the most part sat around the clubs at Tokio and cultivated a rumor factory. The village of Sunan, in Korea, from which Jack London was ordered back to Seoul, is the farthest point north reached by an American or English correspondent. It is within a comparatively short distance of the Japanese firing line.

TRAGIC MAN HUNT IN THE STREETS OF SAN JOSE

'SMITES THE HAND THAT FED HIM'

Roosevelt's Attitude Toward Senator Burton, Who Helped to Make the White House Occupant the Vice-President.

BURTON'S FRIENDS ARE INDIGNANT

[Special by leased wire, the longest in the world.] WASHINGTON, April 24.—President Roosevelt, Senator Long and Governor Bailey of Kansas have joined hands in a combination to unseat Senator Burton of Kansas, convicted and sentenced by the courts.

JAPANESE SOLDIERS EATING AFTER A HARD MARCH, PHOTOGRAPHED EXCLUSIVELY FOR 'THE EXAMINER' BY JACK LONDON.

THE FACT THAT JACK LONDON HAS BEEN ABLE TO SEND EXCLUSIVE PHOTOGRAPHS OF THIS TYPE FROM THE SEAT OF WAR TO 'THE EXAMINER' IS ONE OF THE REASONS FOR THE ANTAGONISM OF THE OTHER CORRESPONDENTS, WHO HAVE FAILED TO GET BEYOND JAPAN.

ROBBER SHOT TO DEATH BY POLICE

Lone Highwayman Holds Up a San Jose Club and Desperate Man Hunt Follows Through the Streets of the Garden City

BULLETS FLY IN A RUNNING BATTLE

[Special Dispatch to "The Examiner."] SAN JOSE, April 24.—A fierce battle to the death between a robber and the police was fought early this morning in the streets of San Jose. The robber was Bert Thorndyke, well known both here and in San Francisco; the crime, a hold-up at the Del Monte Club; the police officers, Policemen Swanson, Geddis and Langford; the result, Thorndyke fatally shot by Policeman Swanson.

HOW THE ROBBER WORKED.

CLUBMAN HAS FIGHT WITH HIS POLITICIAN

Morgan's Saloon Scene of Early Morning Row That Promised a Tragedy.

1 KILLED; 22 HURT IN S. P. TRAIN WRECK

Unscheduled Engine Crashes Into a Train Carrying U. S. Soldiers Near Needles—Many of the Injured May Die.

"EXAMINER" WRITER SENT BACK TO SEOUL

Men Sent By Other Papers Didn't Know How To Get to Firing Line.

BY JACK LONDON,
Special Commissioner of "The Examiner" to the Orient.

SEOUL, Korea, March 28.

↑

Dieser Artikel Jack Londons erschien am 25. April 1904 im *San Francisco Examiner*: *Jack London the Victim of Jealous Correspondents*. Unter der Fotografie steht: »Die Tatsache, dass es Jack London gelungen ist, Exklusivfotos dieser Art von der Front an den *Examiner* zu schicken, ist einer der Gründe für die Feindseligkeit der anderen Berichterstatter, die in Japan festgehalten wurden.«

↑
Spanisch-Amerikanischer
Krieg: Einschiffung des
13. US-Infanterieregiments
nach Kuba (in Tampa,
Florida, 1898)

→
Colonel Theodore Roosevelt
posiert vor seinen *Rough
Riders* (»raubeinige Reiter«)
auf der Spitze des Hügels
von San Juan, das sie soeben
erobert haben, Kuba, 1898.

Wasser und zu Land sowie der Einsatz von mehr als zwei Millionen Männern machten diesen Konflikt zum ersten bedeutenden internationalen Krieg des 20. Jahrhunderts.

Unter Vermittlung der Vereinigten Staaten treffen sich schließlich russische und japanische Verhandlungsparteien am 5. September 1905 bei Portsmouth, New Hampshire, und unterzeichnen den Friedensvertrag. Der russische Zar muss Korea, die Region von Port Arthur sowie einen Teil der zwischen Russland und Japan gelegenen Insel Sachalin an Japan abtreten. Darüber hinaus erhält China die Mandschurei zurück, und die russischen Truppen müssen abgezogen werden.

Für seine Vermittlerrolle bei der Lösung des Konflikts erhält Präsident Theodore Roosevelt den Friedensnobelpreis. Er hat der Welt gezeigt, dass die USA einen starken Einfluss auf die internationale geopolitische Lage ausüben können. In der Tat sind die Vereinigten Staaten seit mehreren Jahren bemüht, ihren politischen und wirtschaftlichen Einflussbereich jenseits der eigenen Grenzen auszudehnen.

Bereits 1898 war es den USA im Spanisch-Amerikanischen Krieg gelungen, Spanien seine letzten Kolonien in der Karibik und im Pazifik streitig zu machen. Die vor allem auf Kuba, Puerto Rico und in der Bucht von Manila ausgetragenen Auseinandersetzungen dauerten nur wenige Monate und endeten mit einem überwältigenden Sieg der USA. Mit dem Vertrag von Paris trat Spanien die Philippinen, Puerto Rico und Guam, die größte Insel des Marianen-Archipels, an die USA ab und erkannte die Unabhängigkeit Kubas unter amerikanischer Kontrolle an.

Theodore Roosevelt macht im Rang eines Lieutenant Colonel während der Einnahme Kubas bei der Schlacht von San Juan Hill von sich reden und wird seitdem als Nationalheld verehrt. Als er im Jahr 1901 William McKinley in das Amt des Präsidenten folgt, treibt er die neue außenpolitische Maxime Amerikas von der Politik des *Big Stick* (des »großen Knüppels«) voran: Die USA erheben sich zur moralischen Instanz, die sich das Recht nimmt, ihre diplomatischen Bemühungen durch eine aggressive Wirtschafts- und Militärpolitik zu unterstützen und zur Not auch militärisch zu intervenieren. Dieser sich damals schon abzeichnende, beständig wachsende amerikanische Einfluss auf den Rest der Welt war für Jack London oft wegweisend, als er durch Südamerika und Asien reiste oder den Pazifik überquerte.

↑
Postkarte zum Gedenken an den Friedensvertrag zwischen Russland und Japan, der unter Vermittlung der Vereinigten Staaten unterzeichnet wurde. New York, Rotograph Company, 1905. In den Medaillons, von links nach rechts: Zar Nikolaus II., Präsident Theodore Roosevelt und Kaiser Mutsuhito.

1904—1906

DAS

MOND-TAL

Auf dem Schiff, das ihn aus Japan zurück in die USA bringt, erfährt Jack, dass Bessie wegen »Grausamkeit und Verlassens der ehelichen Wohnung« die Scheidung eingereicht hat. Als er in San Francisco von Bord geht, wird der Skandal bereits landesweit in allen Zeitungen breitgetreten.

Sein literarischer Erfolg, aber auch seine ungewöhnliche Persönlichkeit und seine aufrührerischen politischen Ansichten haben ihn zu einem Medienstar werden lassen, der die breite Öffentlichkeit fasziniert. Jack London ist der erste Schriftsteller im Land, der eine solche Bekanntheit erlangt. Für die Presse ist es zur Selbstverständlichkeit geworden, über jede seiner Reisen oder Äußerungen zu berichten.

Am 11. November 1904 fällt das Scheidungsurteil, in dem Bessie ein neues Haus sowie das Sorgerecht für Joan und Beckie, ihre beiden damals vier und drei Jahre alten Töchter, zugesprochen wird. Für Jack ist dieses Urteil ein entscheidender Wendepunkt in seinem Leben. Er ist 28 Jahre alt und ein berühmter Schriftsteller, der zwei

Bestseller veröffentlicht hat, die sowohl die Kritiker als auch das breite Publikum begeistert haben: *The Call of the Wild* (1903) und *The Sea-Wolf* (1904). Monatelang musste er über seine Beziehung zu Charmian Kittredge Stillschweigen bewahren. Die fünf Jahre ältere Charmian ist eine unabhängige und emanzipierte Frau, deren feministische Grundhaltung in deutlichem Gegensatz zu Bessies viktorianischer Rigidität steht. Im Sommer des Jahres 1903 hatten sich die beiden Hals über Kopf ineinander verliebt. Mit Charmian hat Jack endlich eine intelligente, ehrgeizige und moderne Gefährtin gefunden, mit der er selbst seine waghalsigsten Pläne teilen kann.

Sie lassen sich ungefähr 70 Kilometer nördlich von San Francisco im Sonoma Valley nieder. In dieser Gegend gibt es viele Farmen, aber auch wilde, von Eichen, Kiefern und Mammutbäumen bedeckte Landschaften. Hier hat Jack sein Paradies gefunden, das er mit großer Begeisterung in den Romanen *The Valley of the Moon* (1913) und *The Little Lady of the Big House* (1916) beschreibt.

»Nichts in der Welt hätte uns voneinander fernhalten können«[1] *(Das Mondtal)*

↖
Charmian Kittredge,
Jacks große Liebe

↑
Jack und Charmian vor der
Wake Robin Lodge in Glen
Ellen, Sonoma Valley, um 1905

↑
Charmian im Sonoma Valley.
Sie war eine hervorragende
Reiterin und eine der ersten
Frauen in Kalifornien, die keinen
Damensattel benutzte.

←
Jack im Sonoma Valley, 1906.
Er wurde zu einem echten
Pferdenarr, nachdem er 1904
in Korea reiten gelernt hatte.

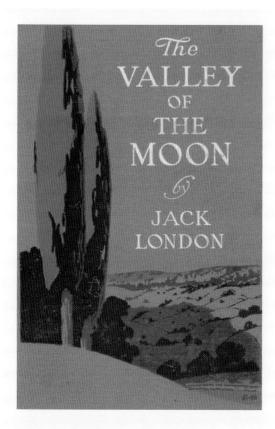

The Valley of the Moon

(Das Mondtal)

The Valley of the Moon (1913) ist eine echte Liebeserklärung Jack Londons an die Landschaft, in der er von nun an leben will: »... durch tiefe grüne Canyons getrennt, die sich weiter abwärts zu wogenden Obst- und Weingärten erweiterten, sahen sie zum ersten Mal einen Schimmer des Sonomatals und der wilden Berge ...«[2]

Zu Beginn der Geschichte leben der junge Fuhrmann Billy und die Wäscherin Saxonne in einem Arbeiterviertel in San Francisco. Billy muss für einige Zeit ins Gefängnis, weil er sich an einem Streik beteiligt hat, der aus dem Ruder gelaufen ist. Nach seiner Freilassung beschließt das Paar, diese unmenschlich gewordene Stadt zu verlassen. Wie Jack entdecken sie das einfache Landleben im Sonoma Valley und planen, dort eine Farm zu bauen. Als sich herausstellt, dass Saxonne ein Kind erwartet, ist das Glück der beiden vollkommen.

↑
Jack, im Sommer 1905

Jack erwirbt in dem Dorf Glen Ellen eine Farm und stellt einen Verwalter ein, der sich um die Bewirtschaftung kümmert. Das Paar zieht ganz in der Nähe in die Wake Robin Lodge, das Sommerhaus einer Tante Charmians. Der Tagesablauf sieht immer gleich aus: Jack schreibt jeden Morgen seine täglichen »1000 Wörter«, während Charmian als gelernte Stenotypistin seine Manuskripte auf der Remington-Schreibmaschine abtippt. In der restlichen Zeit erledigen sie ihre Korrespondenz, unternehmen lange Reitausflüge, gehen schwimmen und verbringen entspannte, fröhliche Stunden zu zweit oder im Kreise ihrer zahlreichen Freunde, die sie auf der Farm empfangen.

In Glen Ellen macht sich Jack an die Arbeit für seinen neuen Roman über den hohen Norden. Bereits am 5. Dezember 1904 schrieb er an George Brett, seinen Verleger bei The Macmillan Co.: »Ich habe eine Idee für mein nächstes Buch. ... Keine Fortsetzung von *Der Ruf der Wildnis*, sondern einen Begleitband zu *Der Ruf der Wildnis*. Ich werde die Geschichte umkehren. Statt der Entartung und Verwilderung eines Hundes werde ich die Zivilisierung eines Hundes behandeln - die Entwicklung von Häuslichkeit, Treue, Liebe, moralischen Werten und sämtlichen Vorzügen und Tugenden.«[3]

↑
Jack und Charmian beim
Baden in der Nähe der Wake
Robin Lodge im Sommer 1905

↑
Jack vor der Wake Robin
Lodge, Sommer 1905

←
Jack führte Charmian in die
Kunst seines Lieblingssports
ein. Hier sieht man die beiden
beim Boxtraining an der Wake
Robin Lodge, um 1905.

↑
Charmian vor der Veranda der
Wake Robin Lodge, um 1905

←
Jack und Charmian im
Arbeitszimmer in der Wake
Robin Lodge

White Fang
By Jack London

Part One

The Wild.

Chapter I - - - - The Trail of the Meat
Chapter II - - - The Sea-Wolf
Chapter III - - - The Hunger Cry

White Fang

Part One — — — — — The Wild
        Chap. I - - - The Trail of the Meat
10,749   " II - - - The She-Wolf.
    " III - - - The Hunger-Cry.

Part Two — — — — — — Born of the Wild
       Chap. I - - - The Battle of the Fangs
14,645 " II - - - The Lair
    " III - - - The Gray Cub.
    " IV - - - The Wall of the World
    " V - - - The Law of Meat.
           25,394

Part Three — — — — — The Gods of the Wild.
       Chap. I — — — The Makers of Fire
    " II — — — The Bondage.
    " III — — — The Outcast.
    " IV — — — The Trail of the Gods.
    " V — — — The Covenant.
    " VI — — — The Famine.

Part Four — — — — — The Superior Gods.
      Chapter I — — — The Enemy of His Kind -
    " II — — — The Mad God.
    " III — — — The Reign of Hate.
    " IV — — — The Clinging Death.
    " V — — — The Indomitable.
    " VI — — — The Love-Master.

(over)

↑
Die Titelseite des Manuskripts
von *White Fang*

↗
Die Inhaltsangabe des
Manuskripts von *White Fang*

→
Die Originalausgabe von
White Fang (The Macmillan
Co., 1906)

→
Jack im Arbeitszimmer der
Wake Robin Lodge, wo er
White Fang schreibt.

White Fang erscheint im Oktober 1906 und wird vor allem bei jungen Lesern sofort zu einem großen Erfolg. Dieses Buch ist ein Beweis dafür, dass das glückliche Leben an der Seite Charmians Jack von Grund auf verändert hat.

Am 18. November 1905, nachdem die gesetzlich vorgeschriebene Frist von einem Jahr nach dem ersten Urteil verstrichen ist, wird die Scheidung amtlich. Jack und Charmian heiraten am darauffolgenden Tag in Chicago und reisen mit dem Schiff nach Jamaika. Hier verbringen sie ihre Flitterwochen und entdecken bei Ausritten die prachtvolle Schönheit der Blue Mountains. Die Reise geht weiter nach Kuba, wo sie die wichtigsten Schauplätze des sieben Jahre zuvor beendeten Spanisch-Amerikanischen Krieges besuchen: den Hügel von San Juan, auf dem Theodore Roosevelt an der Spitze seiner Rough Riders in den Kampf zog, die Festung El Morro und natürlich das Wrack des US-Schlachtschiffs Maine im Hafen von Havanna - seine Zerstörung markierte den Beginn des Krieges. Es ist der Auftakt vieler gemeinsamer Reisen, die für Jack von nun an eben Abenteuer waren, die sie zu zweit erlebten. »Es hat uns ganz und gar nicht gefallen, Havanna verlassen zu müssen«, schrieb Charmian, »aber die ganze Welt wartete auf uns!«[4]

←
Charmian vor der Festung
El Morro, Santiago
de Cuba, Januar 1906
(Foto von Jack London)

↗
Jack und Charmians
erster Ausblick vom
Schiff aus auf die Festung
El Morro, Santiago de
Cuba, Januar 1906
(Foto von Jack London)

→
Das Wrack der *Maine*
im Hafen von Havanna,
Kuba, 1906 (Foto von
Jack London)

»Mit revolutionärem Gruß.«[5]

Obwohl der literarische Erfolg Jacks Leben von Grund auf verändert hat, ist er seinen sozialistischen Ideen immer treu geblieben. Er ist 1901 aus der Sozialistischen Arbeiterpartei ausgetreten, um sich der neu gegründeten Sozialistischen Partei Amerikas anzuschließen. Seine politische Meinung hat er immer offen vertreten - auch auf die Gefahr hin, Leser zu verlieren oder auf finanzielle Unterstützung verzichten zu müssen. Vor allem im Parteiorgan *The Comrade* veröffentlicht er zahlreiche scharfzüngige Artikel und Pamphlete, in denen er immer wieder auf die Notwendigkeit eines politischen Kampfes für die Belange der Arbeiter in den Vereinigten Staaten hinweist. Viele seiner Briefe schließt er mit der Grußformel »Mit revolutionärem Gruß«.

Der Ortsverein seiner Partei, die von seiner Bekanntheit profitieren will, bringt ihn dazu, sich in den Jahren 1901 und 1905 als Kandidat der Sozialistischen Partei Amerikas für die Kommunalwahlen in Oakland aufstellen zu lassen - seine Stimmenzahl bleibt aber äußerst gering. In seinen Wahlreden greift er die amerikanische Bourgeoisie heftig an: »Ihr seid nichts als Fliegen, die am Honigtopf des Kapitalismus kleben. Eure blinde Selbstgerechtigkeit hindert euch daran zu erkennen, dass die Revolution auf dem Vormarsch ist, denn sie wird kommen, das ist hundertprozentig sicher, und genauso sicher ist, dass sie euch hinwegfegen wird. Ihr mit eurem Müßiggang werdet von der Karte gelöscht werden. Ihr seid nichts als Parasiten, die auf dem Rücken der Arbeiter leben!«[6] Seine Äußerungen rufen in der Presse einen Sturm der Entrüstung hervor. Im *San Francisco Newsletter* vom 25. März 1905 heißt es beispielsweise: »London ist kein Sozialist. Er ist die anarchische Fackel der roten Fahne. Er würde es verdienen, verhaftet und wegen Hochverrats angeklagt zu werden!«[7]

Jack ist davon überzeugt, dass die Menschen ihr Schicksal unbedingt gemeinsam

←
Jack Londons *Revolution* erscheint als Sonderdruck in *The International Socialist Review*, August 1909 (zuerst veröffentlicht in *The Contemporary Review*, Januar 1908). Jack London prangert in diesem Artikel die Verblendung und die Habgier der »kapitalistischen Klasse« an und ruft zur Revolution auf.

und mit vereinten Kräften in die Hand nehmen müssen. Andernfalls würden sie sich von ihrer Unterdrückung nie befreien können.

1905 kommt es erneut zu einem Skandal, als er offen Partei für die russischen Revolutionäre ergreift: Die Niederlage von Zar Nikolaus II. im Krieg gegen das Kaiserreich Japan in Korea hat seine Autorität geschwächt, und ein Aufstand der Arbeiter und Bauern bricht aus. Als die Armee am 22. Januar 1905 in St. Petersburg das Feuer auf die Demonstranten eröffnet, kommt es überall im Land zu Unruhen: Streiks, Besetzungen und Attentate häufen sich. Der Höhepunkt ist im Oktober erreicht, als ein Generalstreik den Zaren dazu zwingt, seine strikte Haltung - zeitweise - zu lockern. Jack erklärt damals: »Die russischen Aufständischen sind nicht nur in meinen Augen meine Kameraden, sondern auch in denen meiner amerikanischen Genossen.«[8]

Jack steht in enger Verbindung zu einem anderen berühmten Mitstreiter der Sozialistischen Partei Amerikas. Die Rede ist von Upton Sinclair, dem Verfasser des Romans *Der Dschungel*, der die grauenhaften Arbeitsbedingungen in den Schlachthöfen Chicagos anprangert. Das Buch ist eine regelrechte Streitschrift und zwingt Präsident Roosevelt sogar zur Ernennung einer Untersuchungskommission. Jack spricht sich in den Zeitungen vehement für dieses Buch aus: »Was *Onkel Toms Hütte* für die schwarzen Sklaven getan hat, wird *Der Dschungel* mit Sicherheit für die weißen Sklaven von heute tun. ... Es ist mit Schweiß und Blut, mit Wimmern und Tränen geschrieben. Es zeigt uns nicht, was der Mensch sein müsste, sondern, was er gezwungen wird zu sein, hier, in unserer Welt, im 20. Jahrhundert. Es wird unzählige Ohren öffnen, die bislang taub für den Sozialismus waren.«[9]

»Nichts wird uns aufhalten, denn die Kraft jedes Einzelnen wird die Kraft aller Menschen dieser Welt sein.«[10]

[*]
In dem Zukunftsroman *The Iron Heel* (The Macmillan Co., 1906) beschreibt Jack London, wie die Sozialisten in den Vereinigten Staaten an die Macht kommen, wie sie scheitern und wie es der kapitalistischen Opposition danach gelingt, die Arbeiterklasse mit ihrer »eisernen Ferse« und der Einführung einer Diktatur niederzudrücken.

Im Jahr 1905 gründet Sinclair die Intercollegiate Socialist Society, die Studenten der großen Universitäten, der Eliteschmieden der Nation, versammeln und für sozialistische Ideen begeistern soll. Jack wird zum Präsidenten dieser Organisation gewählt und veranstaltet zwischen 1905 und 1906 etwa 30 Konferenzen im ganzen Land. Er hält politische Reden in Harvard und Yale und spricht dabei oft vor mehr als 3000 Menschen – Professoren, Studenten, Arbeitern, Parteimitgliedern und Journalisten.

Jacks politisches Engagement trifft in den USA zwar oft auf Unverständnis, in Russland aber verschafft es ihm große Beliebtheit. Mehr als 30 Millionen Bücher werden dort verkauft, und auf dem Sterbebett bittet Lenin seine Frau, ihm eine Geschichte Jacks aus der Zeit des Klondike-Goldrauschs vorzulesen!

The Dream of Debs

The International Socialist Review veröffentlicht im Januar und Februar 1909 *The Dream of Debs* von Jack London. Die Hauptfigur dieser Kurzgeschichte ist Eugene Victor Debs, eine der bedeutendsten Persönlichkeiten der Sozialistischen Partei Amerikas. Debs hatte im Jahr 1893 die Eisenbahnergewerkschaft gegründet, eine der ersten Industriegewerkschaften der Vereinigten Staaten. Im darauffolgenden Jahr wurde er für seine Teilnahme an den Streiks in Chicago zu sechs Monaten Haft verurteilt. Während seiner Zeit im Gefängnis las er die Werke von Karl Marx. Nach seiner Freilassung startete er eine politische Karriere und beteiligte sich an der Gründung diverser sozialistischer Parteien. Als Kandidat der Sozialisten ging er fünfmal in das Rennen um die Präsidentschaft – 1900, 1904, 1908, 1912 und 1920.

Jack London beschreibt in *The Dream of Debs* nicht ohne Ironie, wie ein Generalstreik San Francisco lahmlegt und die wohlhabenden Bürger der Stadt in eine Hungersnot stürzt, die sie zwingt, den Forderungen der Arbeiter nachzugeben. Eugene Debs inspirierte Jack noch zu einer weiteren Kurzgeschichte: In der Science-Fiction-Erzählung *Goliath* (1910) lebt Debs zurückgezogen auf einer imaginären Insel vor der Küste San Franciscos. Er hat eine Geheimwaffe entwickelt, die aus der Ferne alles zerstören kann und mit der er die Regierungen der großen westlichen Staaten bedroht. Nach einer Demonstration seiner Stärke gelingt es ihm, den Westen seinem Willen zu unterwerfen und den Sozialismus auf der ganzen Welt zu etablieren.

←
Upton Sinclair

The International Socialist Review

TEN CENTS
A COPY

ONE DOLLAR
A YEAR

Jack London
AUTHOR AND SOCIALIST

JANUARY 1909

JACK LONDON'S
LATEST STORY
The Dream of Debs
STARTS IN THIS ISSUE

RHChaplin '08

UND DIE ERDE

BEBTE ...

↓
Auszüge aus *Around the World in the Sloop Spray* von Joshua Slocum (New York, Charles Scribner's sons, 1903): Joshua Slocum (links), die *Spray* im Sturm (rechts). Zu Ehren des Bootes, mit dem Kapitän Slocum zwischen 1895 und 1898 als erster Einhandsegler die Welt umrundete, taufte Jack eines seiner ersten Segelboote *Spray*. Slocums Reisebericht regte ihn außerdem dazu an, selbst mit der *Snark* um die Welt zu segeln.

←
San Francisco steht nach dem Erdbeben in Flammen, April 1906.

↑
Die *Great White Fleet* vor San Francisco, 1908

K aum im Sonoma Valley angekommen, träumen Jack, den es unaufhörlich in die Ferne zieht, und Charmian bereits von neuen Herausforderungen. Kapitän Joshua Slocums Reisebericht über seine Weltumsegelung als erster Einhandsegler inspiriert Jack zum Bau eines Segelbootes. Er tauft es in Anlehnung an eine Kurzgeschichte von Lewis Carroll *Snark* und will damit sieben Jahre lang um die Welt segeln. Sie träumen davon, mit der *Snark* den Pazifik, das Chinesische Meer und das Mittelmeer zu durchqueren; in Gedanken fahren sie den Suezkanal hoch und besuchen die Hauptstädte entlang der großen Flüsse, darunter Jangtsekiang, Nil und Donau. Über die Rhone und die Seine wollen sie nach Paris, um vor Notre-Dame festzumachen ...

Die Analogie zu Präsident Roosevelts Projekt, dem zur selben Zeit eine Weltumrundung der amerikanischen Flotte vorschwebt, ist verblüffend. Die gnadenlose Konkurrenz der einzelnen Staaten in einer zunehmend globalisierten Welt hat weltweit einen Ausbau der Seestreitkräfte zur Folge. Die Vereinigten Staaten haben erst vor kurzem

CAPTAIN SLOCUM.

The *Spray* in Storm off New York.

neue, ultramoderne Panzerkreuzer aus Stahl entwickelt und Stütz-
punkte errichtet, die diese im Ausland, vor allem im Pazifikraum,
anlaufen können. Die 16 Schiffe der amerikanischen *Great White
Fleet* – die Schiffsrümpfe waren weiß gestrichen – durchkreuzten
die Weltmeere von 1907 bis 1909. Die Flotte legte insgesamt 65 000
Kilometer zurück und führte weltweit etwa 20 diplomatische Auf-
träge aus. Vor allem aber war sie ein ausgezeichnetes Werkzeug zur
Demonstration der Stärke gegenüber den europäischen Kolonialmächten und Japan.

↖
Roscoe Eames (Charmian
Londons Onkel und
erster Kapitän der *Snark*),
Charmian und Jack London,
San Francisco, 1906

↑
Jack fotografiert den
Bauplatz der *Snark*, 1906.

Die *Snark*, ein Zweimaster, den Jack für geschätzte 7000 Dollar bauen will, soll neben Jack und Charmian auch einer siebenköpfigen Mannschaft Platz bieten. Mit einem 70 PS starken Hilfsmotor und einem fünf Tonnen schweren Eisenkiel ausgestattet, soll sie etwa 14 Meter lang werden. An Bord werden zwei große Wassertanks Platz finden sowie Vorräte für sechs Monate.

↑
Jack und Charmian
während der Bauphase
auf der *Snark*, 1906

←
Jack am Bauplatz der *Snark*,
1906

↗
Der Bau der *Snark* auf
der Werft Anderson Ways,
San Francisco, 1906

→
Der Rumpf der *Snark*, 1906

Jack plant die Abfahrt für den 1. Oktober 1906 und beauftragt die Werft Anderson Ways in San Francisco mit dem Zusammenbau der Einzelteile. Kurz nach der Kiellegung werden die Arbeiten jedoch am 18. April 1905 abrupt unterbrochen. Am frühen Morgen bebt in San Francisco die Erde.

Eine beispiellose Katastrophe sucht San Francisco heim, die zahlreichen Holzhäuser der Stadt brennen lichterloh. Gemeinsam mit der Bevölkerung kämpft die Feuerwehr gegen die zerstörerische Kraft der Flammen. Am Ende sind 80 Prozent der Stadt zerstört, um die 3000 Menschen müssen ihr Leben lassen und bis zu 300 000 sind ohne Obdach.

Auch Jack und Charmian im 75 Kilometer nördlich gelegenen Glen Ellen haben die Erschütterungen zu spüren bekommen und von einem Hügel aus riesige Rauchsäulen über der Bucht in den

»Hier und da sah man durch den Rauch Männer und Frauen im Schatten schwankender Mauern vorsichtig hervorkriechen. Es war, als würde man einer Handvoll Menschen begegnen, die das Ende der Welt überlebt hatten.« [1]

Das durch das Erdbeben zerstörte Grand Hotel von Santa Rosa, Kalifornien, April 1906
(Foto von Jack London)

↑ ↗
Das Rathaus von San
Francisco, April 1906
(Foto von Jack London).
Jack beschreibt es in
seinem Artikel *The Story of
an Eye-Witness* (*Collier's*,
5. Mai 1906): »Ich kam an
der zertrümmerten Kuppel
des Rathauses vorbei. Einen
besseren Beweis für die
zerstörerische Kraft des
Erdbebens konnte es nicht
geben. Die meisten Steine der
großen Kuppel waren her-
untergestürzt, so dass nur
noch das nackte Metallgerüst
zu sehen war.«

↓
Folgende Doppelseite:
Das Vergnügungsviertel
Barbary Coast, San
Francisco, April 1906
(Foto von Jack London)

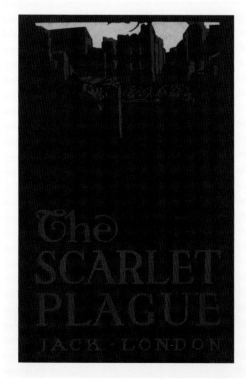

The Scarlet Plague
(Die scharlachrote Pest)

Die apokalyptische Stimmung im zerstörten San Francisco war für Jack London eine wichtige Inspirationsquelle für *The Scarlet Plague* (1915). In diesem Roman irren ein alter Mann und sein Enkelsohn durch das einst blühende und jetzt völlig verwüstete Kalifornien. Fast alle Bewohner sind einer unbekannten Krankheit, der »scharlachroten Pest«, zum Opfer gefallen, und die Städte liegen in Trümmern.

↑
Rauchende Ruinen im zerstörten San Francisco, April 1906 (Foto von Jack London)

↗
Eine Woche nach dem Beben kehren Jack (am Steuer) und Charmian (auf dem Rücksitz) nach San Francisco zurück.

→
Titelblatt der Zeitschrift *Collier's* vom 5. Mai 1906 mit Jack Londons Artikel *The Story of an Eye-Witness*

Himmel steigen sehen. Sofort machen sie sich auf den Weg nach
San Francisco, wo sie angesichts der herrschenden Verwüstung tief
getroffen sind und stundenlang umherirren.

    Jack hat seinen Fotoapparat dabei und macht zahlreiche Auf-
nahmen von der zerstörten Stadt. Zwei Wochen später schreibt er
für die Zeitschrift *Collier's* einen Artikel über die Katastrophe, in
dem seine innere Bewegtheit noch deutlich spürbar ist: »Nie zuvor
in der Geschichte ist eine moderne herrschaftliche Stadt so vollständig zerstört worden. San Francisco gibt es nicht mehr. Außer
Erinnerungen und einigen Wohnhäusern am Stadtrand ist nichts
von ihr übrig geblieben. Die Industriezone ist ausgelöscht. Das Ge-
schäftsviertel ist ausgelöscht. Die Wohnviertel sind ausgelöscht.
Die Fabriken und Lagerhallen, die Kaufhäuser und Zeitungsgebäu-
de, die Hotels und Paläste der Reichen, alles ist ausgelöscht.«[2]

Jacks und Charmians Zeitplan für ihre Weltreise ist durch das Ausmaß dieser Katastrophe völlig aus dem Lot geraten. Der Wiederaufbau der Stadt hat jetzt erste Priorität, und auf der Werft der *Snark* sind die Folgen unmittelbar spürbar. Materiallieferungen verzögern sich oder werden ganz einfach annulliert. Die ursprünglichen Kosten steigen auf das Fünffache, weil die Löhne und Materialpreise explodieren. Jack wird nicht nur Opfer betrügerischer Lieferanten, bei einer ersten Probefahrt auf dem Meer entdeckt er auch zahlreiche Baumängel und verhängnisvolle Konstruktionsfehler. Jack wird mehr und mehr zur Zielscheibe ironischer Kommentare der Journalisten. Entnervt beschließt er, gemeinsam mit Charmian trotzdem aufzubrechen und nach Hawaii zu segeln, um dort die Arbeiten zu beenden. Mit fast einjähriger Verspätung und im Beisein Tausender Schaulustiger verlässt die *Snark* schließlich am 23. April 1907 den Hafen von Oakland.

↖
Erste Probefahrt der *Snark*.
Jack hält das Steuerrad,
Charmian steht links von ihm,
1907.

↑
Roscoe Eames, Onkel von
Charmian und Kapitän der
Snark, 1907

↗
Jack London auf dem Deck der
Snark am Tag des Stapellaufs,
Oakland, 1907

→
Jack während einer Probefahrt
auf dem Bugspriet der *Snark*,
1907

↓
Folgende Doppelseite:
Die *Snark* an ihrem Liegeplatz
am Tag des Stapellaufs,
Oakland, 1907

1907—1908

REISE ÜBER

DEN

PAZIFIK

Schon zu Beginn der Reise merkt Jack, dass die Mannschaft erschreckend unerfahren ist. Er ist der Einzige an Bord, der schon einmal außerhalb der Bucht von San Francisco mit einem Boot unterwegs war. Es stellt sich heraus, dass Kapitän Roscoe Eames – Charmians Onkel – nicht in der Lage ist, das Schiff zu steuern. Jack arbeitet sich innerhalb kürzester Zeit in die Grundlagen der Hochseeschifffahrt ein, um die *Snark* auf Kurs zu halten. Darunter leidet die Stimmung an Bord, und als alle seekrank werden, lässt auch die Disziplin zunehmend nach.

Außerdem reagiert das Boot schlecht und lässt sich oft nicht richtig in den Wind legen. Es treten immer mehr Mängel zutage, und beim ersten Sturm verursacht eindringendes Wasser schwere Schäden im Maschinenraum. Der leckgeschlagene Treibstofftank überschwemmt die Kajüte, und auch der für viel Geld in New Jersey bestellte Motor ist unbrauchbar geworden.

←
Das Heck der *Snark*, zwischen 1907 und 1908

↑
Kapitän Roscoe Eames (links) an Bord der *Snark* zwischen San Francisco und Hawaii, 1907

Trotz dieser ersten negativen Erfahrungen an Bord der *Snark* bleibt Jacks und Charmians Begeisterung ungetrübt. Ihr Traum hat Gestalt angenommen, und sie genießen das Schauspiel der Sterne, der Wale und der fliegenden Fische. Nach vier Wochen auf hoher See nähern sie sich Hawaii. Am Horizont erheben sich die Gipfel des *Weißen Berges* Mauna Kea und des Haleakala, einer der größten erloschenen Vulkane der Erde. Sie umfahren die Riffe vor der Insel O'ahu und ankern am 20. Mai 1907 in Pearl Harbor.

Am Ziel dieser ersten Etappe befinden sich Jack und Charmian noch auf amerikanisch kontrolliertem Boden. Zehn Jahre zuvor hatten die Vereinigten Staaten von Amerika die Republik Hawaii annektiert und damit ein strategisch wichtiges Territorium in diesem Teil der Welt hinzugewonnen. Der Marinestützpunkt Pearl Harbor wurde ausgebaut, um dort die großen Dampfschiffe auf ihrem Weg zu den anderen Pazifikinseln und nach Asien mit Kohle versorgen zu können.

Die zahlreichen Umbau- und Reparaturarbeiten, die an der *Snark* vorgenommen werden müssen, machen einen langen Aufenthalt auf der Insel erforderlich. Jack schickt die Mannschaft zurück nach Kalifornien und heuert eine neue an. Einzige Ausnahme ist

»Plötzlich öffnete sich das Land und die *Snark* tauchte ein in eine Pracht aus Grüntönen, die in tausend Nuancen schimmerten.«[1]

↖

Jack London im Jahr 1907
an Deck der *Snark*. Er misst
mit einem Sextanten die
Sonnenhöhe: »Ich war nicht
mehr wie andere Männer; ich
kannte etwas, das sie nicht
kannten – das Mysterium des
Himmels, das einem den Weg
über die Tiefe wies.«²

→

Jack und Charmian London
an Deck der *Snark*, zwischen
1907 und 1908

↑
Auf Hawaii ist Jack (Mitte)
begeistert von den Pirogen
mit ihren Auslegern. Waikiki-
Strand, O'ahu, 1907.

→
Die Snark in Pearl Harbor,
Hawaii, 1907

der junge Koch Martin Johnson, den er zum
Mechaniker befördert. Während die Arbeiten
auf einer Werft in Honolulu ausgeführt werden, wollen Jack und Charmian die Inseln des
Archipels erkunden.

Anfangs teilen sie das Leben und die
Freizeit der amerikanischen Gemeinschaft
in Oʻahu: Sie baden am Waikiki-Strand, besuchen Polospiele und nehmen in Begleitung
des Gouverneurs und anderer Persönlichkeiten an Abendgesellschaften teil. Auf Ersuchen
des Leiters der Gesundheitsbehörde verbrin-
gen sie eine Woche auf der Insel Molokaʻi, die einen sehr schlechten
Ruf hat, weil dort eine riesige Leprastation untergebracht ist. Wie
gewohnt beginnt Jack, Informationen zu diesem Thema für einen
zukünftigen Artikel zusammenzutragen. Er macht zahlreiche Fotos
und führt lange Gespräche mit dem medizinischen Personal. Jack
und Charmian besuchen außerdem die Kaffee- und Zuckerrohr-
plantagen auf den Inseln Maui und Hawaii, unternehmen Reitausflüge und erkunden zu Fuß die fantastischen Berglandschaften mit
ihren Vulkanen, Dschungeln und Wasserfällen.

In Hilo schließlich wartet auf sie die *Snark* mit ihrem neuen
Kapitän James Langhorne Warren, einem verurteilten Mörder,

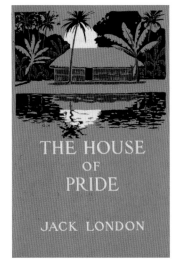

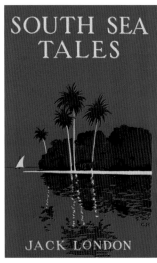

←
Originaleinbände der Bücher
The House of Pride (The
Macmillan Co., 1912) und *South
Sea Tales* (The Macmillan Co.,
1911). Die in Sammelbänden
erschienenen Erzählungen
sind ein Zeugnis für Jack
Londons Bewunderung für die
hawaiianische Bevölkerung,
ihre Werte und ihre ursprüng-
liche Kultur.

↑
Charmian London erkundet auf
dem Pferderücken die Küste
der Insel Molokai, Hawaii, 1907.

→
Rainbow Falls, Hilo, Hawaii,
1907 (Foto von Jack London)

dem Jack eine Chance geben will. Zur Mannschaft gehören außerdem der holländische Matrose Hermann de Visser, der japanische Koch Wada und der Schiffsjunge Nakata.

Nach fünfmonatigem Aufenthalt auf den Inseln Hawaiis stechen sie am 7. Oktober 1908 erneut in See. Ihr Ziel sind die Marquesas-Inseln und Französisch-Polynesien. Auch auf dieser Reise, die 60 Tage dauern sollte, warten zahllose Abenteuer auf sie. Der Motor fällt aus, und sie sind einzig und allein auf günstige Winde angewiesen, um in Richtung Südsüdost zu den Marquesas-Inseln segeln zu können. Aber Wind ist rar, und wenn doch plötzlich eine Bö kommt, treibt sie das Schiff nicht selten weiter ab vom Kurs. Noch komplizierter wird die Situation, als bei unvermittelt einsetzendem Wind

»Unsere Erinnerungen an die Welt, die große Welt da draußen, von früheren Leben, die wir irgendwo gelebt hatten.« [3]

jemand vergisst, den Hahn des Wasserreservoirs richtig zu schließen, das halbe Wasser ausläuft und der Vorrat rationiert werden
muss. Um Wasser zu sparen, wäscht sich niemand mehr, und Jack
lässt sich einen Bart wachsen.

Zum Glück erweist sich Kapitän Warren als hervorragender
Seemann, der die *Snark* mit fester Hand lenkt. Jack hat Vertrauen
zu ihm, und alle genießen die mit vielen Aktivitäten gut gefüll-
ten Tage. Selbstverständlich angeln sie in diesen fischreichen
Gewässern: Thunfisch, Seehecht, Meeresschildkröten, einen Del-
phin und sogar einen drei Meter langen Hai, der an Bord gehievt

↖
Jack London (links) mit
seinem Fang an Bord der
Snark, zwischen 1907 und
1908

↖
An Bord der *Snark* gezogener
Hai, zwischen 1907 und 1908:
»Hin und wieder fingen wir
Haie mit Hilfe großer Haken,
die mit einer kurzen Kette an
einer dünnen Leine befestigt
waren.« 4

↑
Martin Johnson präsentiert
Jacks Kamera an Bord der
Snark den Kiefer eines
gefangenen Hais, zwischen
1907 und 1908.

↓
Folgende Doppelseite:
Der Bug der *Snark*, zwischen
1907 und 1908

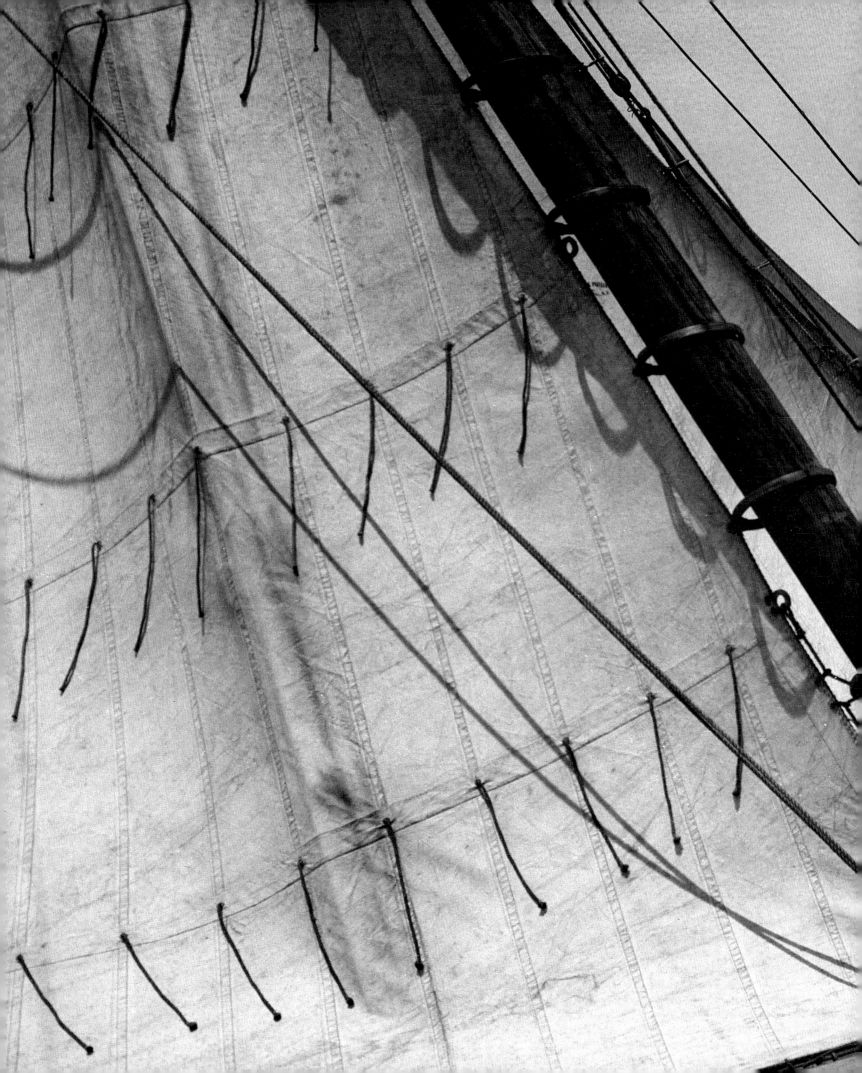

←
Die *Snark* an ihrem Liegeplatz
auf Hilo, Hawaii, 1907

↗
Erste Manuskriptseite des
9. Kapitels von *The Cruise
of the Snark* (1911):
A Pacific Traverse

→
Die letzte Manuskriptseite
des 7. Kapitels der Erzählung
*The Cruise of the Snark: The
Lepers of Molokai*. Unten auf
der Seite findet sich Londons
Notiz, wo er dieses Kapitel
verfasst hat: »Waikiki, Oʻahu,
11. Juli 1907«.

und zerlegt werden muss. Außerdem halten sie sich mit Klimmzügen an der Leiter der Motorabdeckung und Boxkämpfen - Jack und Charmian haben nicht vergessen, ihre Handschuhe mitzunehmen! - fit. Nachmittags liest Jack seinen Begleitern häufig mit lauter Stimme aus den Abenteuerromanen und Reiseberichten von Herman Melville und Robert Louis Stevenson vor, die einige Jahre zuvor ebenfalls Reisen in diesen Teil der Welt unternommen haben. Am Abend spielen sie stundenlang Karten. Jack und Charmian verbringen die Nächte von jetzt an auf Unterlagen aus zusammengefaltetem Segeltuch auf Deck, um den Mond besser betrachten zu können.

Jack beschrieb später, wie sie ihre Tage ohne jeden Zeitzwang verbrachten: »Es gab keine Mittagsgäste, keine Telegramme, keine aufdringlichen Telefonanrufe, die in unser Privatleben eingriffen. Wir hatten keine Verabredungen einzuhalten, keine Züge zu erreichen, und es gab keine Morgenzeitungen, die uns die Zeit stahlen und die uns erzählten, was mit unsern fünfzehnhundert Millionen Mitmenschen geschah.«[5]

Einen Großteil des Tages widmet Jack dem Schreiben. Hermann de Visser und Kapitän Warren haben über dem Cockpit ein Zelt aufgebaut, damit Charmian und Jack im Schatten arbeiten können. Sie führt Logbuch, während er an seinem neuen, stark autobiografisch gefärbten Roman *Martin Eden* arbeitet.

Die Hauptfigur dieses Romans, der heute häufig als Jack Londons Meisterwerk angesehen wird, ist ein junger Seemann, der Schriftsteller werden möchte und unermüdlich daran arbeitet, einen ganz eigenen und authentischen Stil zu entwickeln: »Er schrieb realistisch. Gleichzeitig aber versuchte er, die Realistik mit Phantasie und Schönheit zu vereinigen ... Was er suchte, war leidenschaftlicher Realismus, mit menschlichem Streben und Glauben gepaart.«[6] Der eingetretene literarische Erfolg bringt Martin Eden

Reichtum und Berühmtheit, raubt ihm aber jede Illusion, so dass ihm als einziger Ausweg nur der Selbstmord bleibt. Er entflieht der gehobenen kalifornischen Gesellschaft, deren Vorurteile ihn abstoßen, und geht an Bord eines Dampfschiffes nach Hawaii. Unterwegs springt er von Bord und lässt sich vom Meer davontragen.

Am 19. November 1906 feiern Jack und Charmian an Bord der *Snark* mit einer Flasche Apfelwein ihren zweiten Hochzeitstag. Eine Woche später setzt Regen ein, mit dem sie ihre Süßwasserreserven auffüllen können, und Wind kommt auf, so dass die *Snark* unter

»Es war der Himmel selbst, der uns den Weg wies, und ich war es, der deutete, was am Himmel geschrieben stand. Ich war es! Ja, ich!«[7]

↑
Marquesianer posieren neben dem Grammophon der Londons, Insel Nuku Hiva, Marquesas-Inseln, Dezember 1907. (Foto von Jack London)

↗
Vorveröffentlichung des 10. Kapitels der Erzählung *The Cruise of the Snark*. Jack London gibt ihm als Überschrift den Titel des Romans von Herman Melville: *Typee. Pacific Monthly*, März 1910

→
Jack London auf den Pazifikinseln, zwischen 1907 und 1908

vollen Segeln südostwärts in Richtung Marquesas-Inseln segeln kann. Nachdem sie mehreren heftigen Böen standgehalten hat, erreicht sie am 6. Dezember 1906 die Insel Nuku Hiva und wirft ihre Anker in der Bucht von Taiohae.

Auf Nuku Hiva - die einzige der Marquesas-Inseln, welche die *Snark* anlaufen wird - bleiben sie zwei Wochen. Diese Zwischenstation hat für Jack und Charmian hohen Symbolwert, weil sich hier das von Herman Melville in seinem gleichnamigen Roman beschriebene Tal des Typee-Stammes befindet. Von dem Taipivai-Tal, das Melville als eine von ca. 2000 Menschen bewohnte, lebhafte und fruchtbare Gegend beschreibt, sind leider nur überwucherte Ruinen und einige Dutzend notleidende Insulaner übrig geblieben, die von Lepra, Elephantiasis und Tuberkulose schwer gezeichnet sind.

Dennoch beschert ihnen die Insel einige außergewöhnliche Erlebnisse: Sie reiten auf den kleinen Pferden der Marquesas-Inseln durch den Wald, jagen wilde Ziegen im Hakaui-Tal und entdecken im Hooumi-Tal ein kleines Paradies mit Bananenstauden, Kokospalmen, Brotfruchtbäumen und smaragdgrünen Wasserfällen. Mehrmals organisieren sie Vorstellungen mit ihrem Grammophon und spielen den faszinierten Einheimischen Caruso, Schubert und amerikanische Volkslieder vor.

Sie erwerben zahlreiche traditionelle Kunstgegenstände und Kleidungsstücke - Pareos, hawaiianische Hula-Röcke, kunstvoll verzierte Flaschenkürbisse, Tahitiperlen, geschnitzte Paddel, das Modell einer Kriegspiroge -, die sie sorgfältig verpackt einem ablegenden Schoner mitgeben. Auf der gesamten Reise der *Snark* tragen sie Dutzende von Gegenständen zusammen, die sie in ihr Haus in Kalifornien verschicken.

LOOKING BACK FROM THE DIVIDE BETWEEN TYPEE AND HO-O-U-MI.

Typee

By Jack London

Author of "Call of the Wild," "Martin Eden," "Sea Wolf," etc.

T O the eastward Ua-huka was being blotted out by an evening rain-squall that was fast overtaking the *Snark*. But that little craft, her big spinnaker filled by the southeast trade, was making a good race of it. Cape Martin, the southeast-ernmost point of Nuku-hiva, was abeam, and Comptroller Bay was opening up as we fled past its wide entrance, where Sail Rock, for all the world like the spritsail of a Columbia River salmon-boat, was making brave weather of it in the smashing southeast swell.

"What do you make that out to be?" I asked Herman, at the wheel.

"A fishing-boat, sir," he answered, after careful scrutiny.

Yet on the chart it was plainly marked, "Sail Rock."

But we were more interested in the recesses of Comptroller Bay, where our eyes eagerly sought out the three bights of land and centered on the midmost one, where the gathering twilight showed the dim walls of a valley extending inland. How often we had pored over the chart and centered always on that midmost bight and on the valley it opened—the Valley of Typee. "Taipi," the chart

←
Die *Snark* in der Bucht
von Taiohae, Nuku Hiva,
Marquesas-Inseln,
Dezember 1907

←
Originaleinband von *A Son
of the Sun* (Doubleday, 1912).
In einer der Erzählungen
dieses Buches, *The Pearls of
Parlay*, prangert Jack London
den Rassismus der oberen
Gesellschaftsschicht von
Papeete und die Habgier der
Perlenhändler an.

Beladen mit frischen Mangos, Zitronen, Kokosnüssen, Hühnern, Fischen, Trinkwasser und sogar Brot verlässt die *Snark* am Abend des 17. Dezember 1907 im Mondschein ihren Ankerplatz in Richtung Tahiti, wo Lagunen und Korallenriffe auf sie warten.

»Es ist wunderbar, im Sturm auf den Wellen zu reiten und sich wie Gott zu fühlen.«[8]

Charmian und Jack feiern Weihnachten 1907 auf hoher See, während die *Snark* mit einem heftigen Sturm zu kämpfen hat. Nach neuntägiger Fahrt durch ein aufgewühltes Meer erreichen sie endlich Tahiti und legen am 26. Dezember in Papeete an.

Zu ihrer großen Verwunderung hatte man angenommen, sie seien mit Mann und Maus untergegangen, da man seit ihrer Abfahrt in Hawaii keine Nachricht von ihnen erhalten hatte! Und aus Post, die hier seit Wochen auf sie wartet, erfahren sie, dass Charmians Tante bei der Verwaltung ihrer Geschäfte in Kalifornien schwerwiegende Fehler unterlaufen sind und ein katastrophales Chaos ausgebrochen ist. Da die *Snark* noch einmal repariert und der Motor erneut ausgebaut werden muss, beschließen sie, während der Reparaturarbeiten an Bord eines Passagierschiffs nach Kalifornien zu reisen, um ihre Finanzen in Ordnung zu bringen und das Vertrauen der Banken wiederzugewinnen. Einen Monat später ist alles geregelt, und sie kehren nach Polynesien zurück.

Trotz der prachtvollen Landschaft sind sie von Tahiti enttäuscht. Papeete gleicht einem Paris des Pazifiks, und dieses Land ist,

←
James Langhorne Warren,
Kapitän der *Snark*,
Papeete, Tahiti, 1908

→
Tahiti, 1908
(Foto von Jack London)

wie Charmian im Logbuch festhält, »trotz seiner unvergleichlichen Schönheit … ein wenig
zu touristisch.«[9]

  Nach einem kurzen Zwischenstopp auf
der Nebeninsel Moorea geht es am 4. April
1908 weiter südwestlich nach Raiatea. Jack
und Charmian haben hier eine bedeutsame
Begegnung: Der Fischer Tehei kommt ihnen

**»… am schönsten machte es vielleicht
gerade der Umstand, daß ihrer
Gastfreundschaft nicht Erziehung
oder komplizierte soziale Begriffe
zugrunde lagen, sondern daß sie frei
und unmittelbar aus ihrer natürlichen
Herzensgüte kam.«[10]**

auf einer Piroge mit Ausleger und großem Segel entgegen und lädt
sie ein, mit ihm auf seine Insel Taha zu kommen, die etwa zehn
Kilometer entfernt liegt. »Mir stockte der Atem, als wir uns den riesigen Korallenriffs direkt unter der Wasseroberfläche näherten«,
erinnerte sich Charmian, »aber Tehei umfuhr sie, gelassen über das
Heck gebeugt, mit einem einzigen Schlag seines Paddels und folgte
sicher den Biegungen der Fahrrinne, die ihm so vertraut waren wie
uns die Straßen einer Stadt, in der wir uns gut auskennen.«[11]

Tehei und seine einer Königsfamilie entstammende Frau Bihaura empfangen das Paar in ihrer Hütte und laden sie zu einem opulenten Festmahl ein, bevor sie ihnen ihr Dorf zeigen. Außerdem weist Tehei sie auf seiner Piroge in die Methoden des traditionellen Fischfangs ein. Als die *Snark* wieder in See sticht, ist das Deck mit Bananenstauden, Kokosnüssen und Papayas beladen, die ihnen die Inselbewohner gebracht haben. Überall laufen Hühner herum, und sogar ein junges Schwein führt sich auf wie ein kleiner Teufel! Tehei und Bihaura, die von Jack und Charmian eingeladen wurden, sie nach Bora Bora zu begleiten, sind ebenfalls an Bord. Ihre Gegenwart trägt sicherlich dazu bei, dass den Londons dort ein außergewöhnlicher Empfang bereitet wird. Sie werden in einer traumhaften Umgebung von Trommelklängen und dazu tanzenden tahitianischen Inselbewohnern in ihren schönsten Kostümen empfangen. Ihnen zu Ehren wird sogar ein gigantischer Fischfang veranstaltet, bei dem um die 100 Pirogenfischer mit Steinen, die an

↖
Den traditionellen Fischfang zu Ehren der Londons beschreibt Jack in Kapitel 13 von *The Cruise of the Snark, The Stone Fishing of Bora Bora*: »[Der Fischer] schlägt einfach den Stein ins Wasser, zieht ihn heraus und schlägt wieder. So geht es weiter. Im Achterende jedes Kanus sitzt ein anderer Mann, paddelt und treibt das Kanu vorwärts, wobei er dafür sorgt, daß es seinen Platz in der Reihe behält.«[12] (Foto von Jack London)

↖
Jack und Charmian London an Bord von Teheis Piroge unterwegs zur Taha-Insel, Französisch-Polynesien, April 1908

↑
Bewohner von Bora Bora empfangen die Mannschaft der *Snark*, April 1908. (Foto von Jack London)

"THE NATURE MAN"

BY

JACK LONDON

FROM THE ISLAND OF TAHITI, IN THE
SOUTHERN SEAS, COMES ANOTHER OF
MR. LONDON'S FIRST-HAND ACCOUNTS
OF STRANGE PEOPLE IN STRANGE LANDS
WRITTEN FOR COMPANION READERS

The *Snark* at Anchor Off the Coast of Tahiti, Where Mr. London and His Wife and Crew Were Reported Lost. Mr. London is Playing Host; the Nature Man, Dressed in Full Calling Costume, is Sunning Himself on the Gunwale of the Boat

FIRST met him on Market Street in San Francisco. It was a wet and drizzly afternoon, and he was striding along, clad solely in a pair of abbreviated knee trousers and an abbreviated shirt, his bare feet going slick-slick through the pavement slush. At his heels trooped a score of excited gamins. Every head —and there were thousands—turned to glance curiously at him as he went by. And I turned, too. Never had I seen such lovely sunburn. He was all sunburn, of the sort a blond takes on when his skin does not peel. His long yellow hair was burnt; so was his beard, which sprang from a soil unplowed by any razor. He was a tawny man, a golden-tawny man, all glowing and radiant with the sun. Another prophet, thought I, come up to town with a message that will save the world.

A few weeks later I was with some friends in their bungalow in the Pied-mont Hills overlooking San Francisco Bay. "We've got him, we've got him," they barked. "We caught him up a tree; but he's all right now, he'll feed from the hand. Come on and see him." So I accompanied them up a dizzy hill, and in a rickety shack in the midst of a eucalyptus grove I found my sunburned

After a week or so my conscience smote me, and I invited him to dinner at a down-town hotel. He arrived, looking unwontedly stiff and uncomfortable in a cotton jacket. When invited to peel it off, he beamed his gratitude and joy, and did so, revealing his sun-gold skin, from waist to shoulder, covered only by a piece of fish net of coarse twine and large of mesh. A scarlet loin cloth completed his costume. I began my acquaintance with him that night, and during my long stay in Tahiti that acquaintance ripened into friendship.

"So you write books," he said one day, when, tired and sweaty, I finished my morning's work.

"I, too, write books," he announced.

Aha, thought I, now at last is he going to pester me with his literary efforts. My soul was in revolt. I had not come all the way to the South Seas to be a literary bureau.

"This is the book I write," he explained, smashing himself a resounding blow on the chest with his clenched fist. "The gorilla in the African jungle pounds his chest till the noise of it can be heard half a mile away."

"A pretty good chest," quoth I admiringly; "it would make even a gorilla envious."

And then, and later, I learned the details of the marvelous book Ernest Darling had written. Twelve years ago he lay close to death. He weighed but ninety pounds and was too weak to speak. The doctors had given him up. His father, a practising physician, had given him up. Consultations with other physicians had been held upon him. There was no hope for him. Overstudy (as a schoolteacher and as a university student) and two successive attacks of pneumonia were responsible for his breakdown. Day by day he was losing strength. He could extract no nutrition from the heavy foods they gave him; nor could pellets and powders help his stomach to do the work of digestion. Not only was he a physical wreck, but he was a mental wreck. His mind was overwrought. He was sick and tired of medicine, and he was sick and tired of persons. Human speech

↑
Vorveröffentlichung des
11. Kapitels der Erzählung
The Cruise of the Snark: *The
Nature Man* (*Woman's Home
Companion*, September 1908).
Jack London erzählt hier von
seiner Begegnung mit Ernest
Darling, einem exzentrischen
Amerikaner mit sozialistischer
Gesinnung, der beschlossen
hat, inmitten der Natur auf den
Anhöhen von Papeete in einer
Hütte zu leben.

→
Die letzte Manuskriptseite des
12. Kapitels der Erzählung *The
Cruise of the Snark: The High
Seat of Abundance*. Unten
auf der Seite hat Jack London
vermerkt, wo er dieses Kapitel
geschrieben hat: »Auf dem
Meer, zwischen Bora Bora und
Samoa, 24. April 1908«.

came back. Sometimes they did not come back. And in the confusion, unobserved, the little sucking-pig got loose and slipped overboard.

"On the arrival of strangers, every man endeavored to obtain one as a friend and carry him off to his own habitation, where he is treated with the greatest kindness by the inhabitants of the district; they place him on a high seat and feed him with abundance of the finest food."

Jack London
At Sea, Between Bora Bora
& Samoa, Apr. 24, 1908.

↑
Dorf auf den Samoainseln,
Mai 1908
(Foto von Jack London)

→
Bewohnerin der
Samoainseln, Mai 1908
(Foto von Jack London)

ein Seilende gebunden sind, ins Wasser schlagen, um die Fische an die Küste zu treiben.

Als die *Snark* sich auf den Weg zu den fernen Samoainseln macht, ist ein neuer Reisender an Bord: Tehei hat beschlossen, seine Frau für einige Zeit auf Bora Bora zurückzulassen und mit ihnen zu reisen.

Tehei erweist sich auf dem Weg zu den Samoainseln als wertvolle Hilfe, weil er ein ausgezeichneter Seemann ist und manchmal selbst das Steuer in die Hand nimmt. Es ist warm, und das Wetter könnte nicht schöner sein. Abends, wenn es kühler wird, herrscht an Bord eine entspannte, ausgelassene Atmosphäre: Tehei, Wada und Nakata führen Tänze ihrer Heimat auf, Charmian spielt Ukulele und singt dazu.

↓
Jack London posiert mit zwei Samoanerinnen, Mai 1908.

Nach 13 Tagen auf hoher See befindet sich die *Snark* erneut auf amerikanisch kontrolliertem Territorium. 1899, neun Jahre zuvor, hatten Deutschland und die Vereinigten Staaten von Amerika die Samoainseln untereinander aufgeteilt, wobei die USA Ostsamoa erhielten. Die Londons besuchen zunächst die Insel Tau, wo der alte König Tuimanua prächtige Zeremonien für sie veranstaltet. Danach reisen sie nach Pago Pago auf der Insel Tutuila, auf der sich ein US-Marinestützpunkt befindet und wo sie dieses Mal vom Gouverneur und amerikanischen Offizieren empfangen werden. Bei Apia, auf der Insel Upolu, besuchen sie inmitten eines üppig wuchernden Dschungels voller Ergriffenheit das Grab des Schriftstellers Robert Louis Stevenson, des berühmten Verfassers der *Schatzinsel*: »Nur für ihn, für niemand sonst, hätte ich mich von meiner Reiseroute entfernt, um ein Grab zu besuchen«,[13] bekennt Jack. Als sie an der Küste der Insel Savaiʻi

entlangfahren, werden sie Zeugen eines verheerenden Vulkanausbruchs. Die Lavaströme begraben zahlreiche Dörfer unter sich und bringen das Meer, durch das die *Snark* steuert, zum Kochen. Charmian und Jack begleiten die Hilfsmannschaft bei drückender Hitze über mehrere Tage.

Nach dem vierwöchigen Aufenthalt auf den Samoainseln hat die *Snark* den Großteil der geplanten Reiseroute über den Pazifik zurückgelegt: Im Laufe ihrer fast 12 000 Kilometer langen Fahrt sind sie in Gegenden an Land gegangen, die von der amerikanischen beziehungsweise französischen Fremdherrschaft stark geprägt sind. Dieses Abenteuer war nicht ohne Risiken, hat sie aber an wahre Traumorte geführt, wo sie die Gastfreundschaft ganz unterschiedlicher Menschen erfahren durften. Als sie am 20. Mai 1908 auslaufen, beginnt eine ganz andere Etappe der Reise. Die *Snark* segelt in Richtung der »schwarzen« Inseln von Melanesien, die als feindselig und ungastlich gelten: die Fidschiinseln, die Neuen Hebriden und die Salomon-Inseln.

↖
Charmian London auf den
Samoainseln, Mai 1908

←
Die *Snark* vor den
Samoainseln, Mai 1908

→
Jack London am Grab des
Schriftstellers Robert Louis
Stevenson bei Apia auf den
Samoainseln, Mai 1908. Der
Autor der Bücher *Strange
Case of Dr Jekyll and Mr Hyde*
(1886) und *Treasure Island*
(1883), den Jack London
zutiefst bewunderte, lebte
vier Jahre auf Upolu, wo die
Einheimischen ihn *Tusitala*
(»Geschichtenerzähler«)
nannten. Als er am 3. Dezember 1894 starb, begleitete
ein Trauerzug von ca. 400
samoanischen Kriegern den
Sarg zu seiner letzten Ruhe-
stätte. Die von ihm selbst
verfasste Grabinschrift beginnt
mit den Worten: »Unter dem
weiten, sternenbesäten Himmel grabt mein Grab und
lasst mich ruhen. Glücklich
habe ich gelebt und glücklich
sterbe ich ...«

DIE »SCHWARZEN«

1908—1909

INSELN

»Das Abenteuer ist nicht tot. Ich weiß das, da ich eine lange und innige Beziehung zu ihm geführt habe.«[1]

Während der Überfahrt zu den Fidschi-inseln schlägt das Wetter um. Der Winter naht, die Temperaturen fallen, und die *Snark* muss heftigen Böen und Regenschauern standhalten.

Die Stimmung an Bord ist schlecht: Kapitän Warren, der von der restlichen Mannschaft nur noch »der Schimmelpilz« genannt wird, ist unerträglich geworden und entpuppt sich als jähzorniger und aggressiver Mann. Er hat es vor allem auf den japanischen Koch Wada abgesehen, den er ständig angreift und dem er sogar die Nase bricht. Der vom Rest der Besatzung zunehmend isolierte Kapitän kommt seinen Pflichten nicht mehr nach und lässt die *Snark* bei der Einfahrt in das Fidschi-Archipel um ein Haar auf die Riffs vor Nanuku auflaufen. Jack nimmt das Steuer selbst in die Hand

← Martin Johnson, Besatzungs-mitglied der *Snark*, Melanesien, Juni 1908

↑ Ureinwohner Melanesiens, 1908. Die Fotos auf der Reise der *Snark* wurden von Jack London, Charmian London oder Martin Johnson aufgenommen.

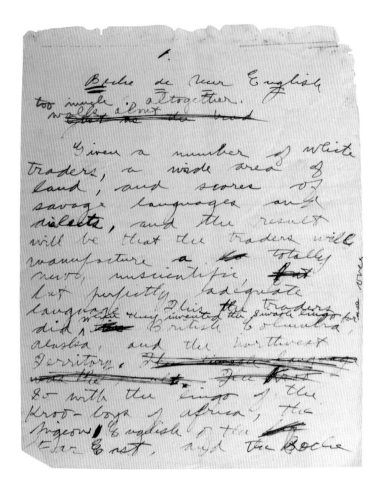

←
Die erste Manuskriptseite des 16. Kapitels der Erzählung *The Cruise of the Snark* (The Macmillan Co., 1911): *Beche de Mer English*. Jack London erläutert in diesem Kapitel die Kreolsprache Bêche-de-mer (Bislama), eine der Amtssprachen in Melanesien, die auf einer Mischung aus einheimischen, englischen und französischen Wörtern beruht: »Auf den Salomon-Inseln werden viele verschiedene Sprachen und Dialekte gesprochen. Jeder Handeltreibende, der versucht hätte, sie alle zu lernen, wäre verzweifelt. ... Diese Sprache ist so einfach, dass ein Kind sie lernen könnte.«[2]

und kann sie aus der misslichen Lage gerade noch befreien.

Im Hafen von Suva auf Viti Levu, der Hauptinsel des Archipels, setzt Jack Warren an Land ab und übernimmt selbst die Führung des Bootes. Als die *Snark* am 6. Juni 1908 Kurs auf die Neuen Hebriden nimmt, ist er seit ihrer Abfahrt in Oakland zum ersten Mal der einzige Kapitän an Bord.

Anfang des Jahrhunderts haben die Melanesen in der westlichen Welt noch einen schrecklichen Ruf: In Artikeln und Reiseberichten werden sie ohne Ausnahme als primitive, grausame Jäger und Kannibalen geschildert. Die Besatzung ist also wachsam, als sie in der Inselgruppe der Neuen Hebriden unterwegs ist.

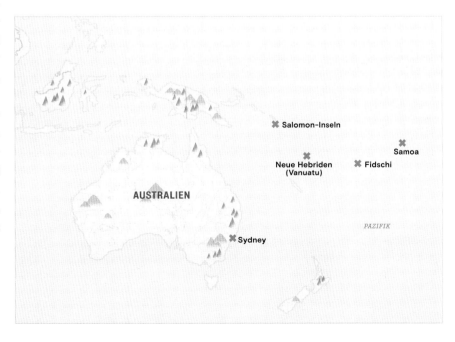

→
Henry, Mannschaftsmitglied
der *Snark*, am Schiffsbug,
Melanesien, 1908

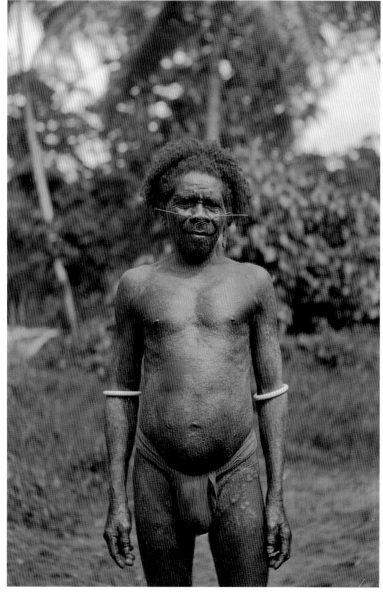

Als sie in Port Resolution auf der Insel Tanna ankommen, wird ihr Boot von Dutzenden Kanus umzingelt, und die Inselbewohner empfangen sie mit verschlossenen Gesichtern und großem Misstrauen. Die Mannschaft ist bestürzt über das ungehobelte, »wilde« Benehmen der Inselbewohner und empfindet deren negroides Äußeres als krassen Gegensatz zur Schönheit der Menschen in Polynesien. Charmians Kommentare dazu im Logbuch sind eindeutig: »Es passt wirklich nicht zusammen, dass in einem so schönen Land so primitive, barbarische Menschen leben. ... Sie haben magere, unschöne Körper mit Beulen und dünnen, krummen Beinen, vor allem ihre abweisenden Gesichter mit tief liegenden, buschigen Augenbrauen sind merkwürdig abstoßend.«[3] Und sie fügt noch hinzu: »Die Frauen sind außerordentlich unweiblich. Ihre Gesichter, ihre Stimmen und ihr Aussehen unterscheiden sich kaum von

↖
Ureinwohner Melanesiens,
1908 (Foto von Jack London,
Charmian London oder
Martin Johnson)

↑
Ureinwohner Melanesiens,
Port Mary auf Santa Ana
Island, 1908 (Foto von Jack
London, Charmian London
oder Martin Johnson)

denen der Männer, sie sind alterslos, geschlechtslos und schmutzig und zeigen die gleiche wilde Feindseligkeit wie ihre Männer, sobald man sich ihren elenden Hütten nähert.«[4]

Nur wenige Ureinwohner lassen sich von Jack fotografieren. Auf den Inseln Melanesiens sind die Spannungen zwischen Weißen und Schwarzen immer und überall spürbar. Die Schwarzen werden auf den Plantagen ausgebeutet und müssen dort unter sklavenähnlichen Bedingungen leben und arbeiten. Die brisante Lage in dieser abgelegenen Gegend zwingt die Weißen zu größter Vorsicht, und alle tragen gut sichtbar eine Waffe am Gürtel.

Als die *Snark* Port Resolution verlässt, fährt sie an der Martyr's Island (Erromanga) vorbei - sie erhielt diesen Namen im Gedenken an die dort getöteten Missionare - und weiter nach Port Vila auf Efate, bevor sie am 28. Juni 1908 die Salomon-Inseln erreicht.

↑
Jack London (rechts),
Charmian (neben ihm)
und Martin Johnson (Mitte)
mit melanesischen
Ureinwohnern, 1908

Das Klima ist unwirtlich und die Luft durch Krankheitskeime und schlechte Ausdünstungen verunreinigt. Hinzu kommen heftige Winde und häufige Stürme. Ganze Horden von Küchenschaben und Moskitos fallen über die *Snark* her, und jede kleine Schnittwunde beginnt zu eitern. Alle an Bord erkranken immer wieder an Malaria. Jack ist am stärksten betroffen: Eine Hautkrankheit verursacht zahlreiche Geschwüre, und trotz (oder wegen?) regelmäßiger Behandlung mit Quecksilberchlorid schält sich seine Haut an Händen und Beinen ganz extrem. Außerdem leidet er an grauenhaft schmerzenden rektalen Abszessen, weshalb er und Charmian sich jetzt oft stundenlang in medizinische Fachbücher vertiefen.

»Wäre ich König, wäre die Verbannung auf die Salomon-Inseln die schlimmste Strafe, die ich über meine Feinde verhängen könnte. Wenn ich es recht bedenke – König oder nicht –, ich glaube nicht, dass ich das übers Herz bringen würde.« [5]

↑
Die Penduffryn-Plantage,
Guadalcanal, 1908

→ Dorf in Melanesien, 1908
(Foto von Jack London,
Charmian London oder
Martin Johnson)

Am 7. Juli betreten die Londons die Insel Guadalcanal und richten sich auf der Plantage Penduffryn ein. Hier wird vor allem Kopra gewonnen, das getrocknete Fruchtfleisch von Kokosnüssen, aus dem Kokosöl hergestellt wird, das in der Nahrungsmittel- und Kosmetikindustrie Verwendung findet. Die Insel ist unter englischer Herrschaft, Jack und Charmian wohnen im Haus der Plantagenbesitzer. Der Komplex aus vier riesigen Holzhäusern auf Pfählen liegt mitten im Dschungel und ist für den Fall eines Aufstands der Ureinwohner von einem Tag und Nacht bewachten Palisadenzaun umgeben.

↖
Die fast vollständige Mannschaft der *Snark*, Penduffryn-Plantage, 1908. Von links nach rechts: Tehei (der nach den Samoainseln beschlossen hat, sein Abenteuer zu verlängern), Wada, Charmian und Jack London, Martin Johnson, Ernest, Henry

↑
Die beiden Besitzer der Penduffryn-Plantage: George Darbishire und Tom Harding, Guadalcanal, 1908

↗
Kostümfest auf der Penduffryn-Plantage (Jack London in der Mitte, Charmian links von ihm und Martin Johnson auf dem Boden im Vordergrund), Guadalcanal, 1908

Diese Szenerie am Ende der Welt ist ihr Ausgangspunkt für die Erkundung der verschiedenen Inseln des Archipels: Malaita, wo sie an der Langa-Langa-Lagune winzige Dörfer auf Korallenriffs entdecken; Santa Isabel, wo die *Snark* auf den Strand gezogen werden muss, um ihren Kiel von zahllosen Muscheln befreien zu können; Lua-Nua (Luangiua), wo die *Snark* zum ersten Mal im Herzen eines Atolls ankert. Sie segeln mit der *Snark* sogar bis zu den Tasman Islands (Nukumanu-Inseln) an der Südspitze Papua-Neuguineas.

»Sie sahen ohne Frage wie echte Kopfjäger und Kannibalen aus.«[6]

↑
Bewohner eines Dorfes auf den Salomon-Inseln, 1908 (Foto von Jack London, Charmian London oder Martin Johnson)

←
Charmian London am Strand der Insel Malaita, Salomon-Inseln, 1908

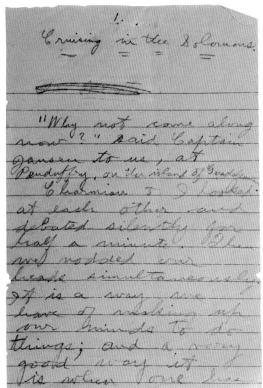

The island of Auki, built up from the sea by the salt-water men.

THE "MINOTA" THROWN UP ON THE REEF.

Cruising in the Solomons

By Jack London

Author of "Martin Eden," "Call of the Wild,"
"White Fang," etc.

[Concluded.]

MORNING found us still vainly toiling through the passage. At last, in despair, we turned tail, ran out to sea, and sailed clear around Bassakanna to our objective, Malu. The anchorage at Malu was very good, but it lay between the shore and an ugly reef, and while easy to enter, it was difficult to leave. The direction of the southeast trade necessitated a beat to windward; the point of the reef was wide-spread and shallow; while a current bore down at all times upon the point. Mr. Caulfield, the missionary at Malu, arrived in his whale-boat from a trip down the coast. A slender, delicate man he was, enthusiastic in his work, level-headed and practical, a true twentieth-century soldier of the Lord. When he came down to this station on Malaita, as

←
Die erste Manuskriptseite des
15. Kapitels der Erzählung
The Cruise of the Snark (1911):
Cruising in the Solomons.
In diesem Kapitel berichtet
Jack London über seine Reise
auf der *Minota* unter Kapitän
Jansens, der den Auftrag hat,
auf den Inseln des Salomon-
Archipels Arbeitskräfte für
die Penduffryn-Plantage
anzuwerben.

←
Erstveröffentlichung des
15. Kapitels der Erzählung
The Cruise of the Snark (1911):
Cruising in the Solomons in
Pacific Monthly, Juli 1910.
Die ersten Seiten des
Kapitels waren bereits in der
Juniausgabe erschienen.

↑
Die *Minota*, unterwegs,
um Arbeitskräfte für die
Penduffryn-Plantage anzu-
heuern, Salomon-Inseln, 1908

↗

↑
Ureinwohner Melanesiens
an Bord der *Minota*, 1908

Jack London auf dem
Deck der *Minota*,
Salomon-Inseln, 1908

Eine Zeitlang sind sie auch an Bord der Ketsch *Minota* unterwegs, die in den Dörfern auf den Inseln Schwarze »anheuert« und dann auf die Plantagen bringt. Die Reling wird für diese gefährliche Mission mit Stacheldraht umwickelt, und auf Deck ist ständig eine Wache im Einsatz. Als das Schiff in der Bucht von Malu im Norden von Malaita drei Tage lang auf Felsen festsitzt, erleben Jack und Charmian eine der härtesten Prüfungen ihrer gesamten Reise. Sie sind von Dutzenden Männern umzingelt, die mit Bögen, Totschlägern und Lanzen bewaffnet sind, und verdanken ihre Rettung einzig der Mannschaft eines anderen Schiffes, der *Eugénie*, die von einem Missionar alarmiert worden war.

Auf den Salomon-Inseln führen Malaria, Durchfall, Parasiten und Virusinfekte dazu, dass sich der Gesundheitszustand der Besatzung der *Snark* zunehmend verschlechtert. »Die *Snark* war während all dieser Monate auf den Salomon-Inseln ein Krankenhausschiff«, erinnerte sich Jack. »Wir alle hatten Malaria - und zwar so oft, dass wir uns heute nicht mehr gern daran erinnern - sowie etwa zehn andere Krankheiten, die noch schwerwiegender waren. Der japanische Koch und ein tahitianischer Matrose haben ihren Verstand verloren.«[7] Jacks Zehen, Finger und Hände sind von Geschwüren bedeckt, schwellen dramatisch an, und die Haut schält sich immer noch ab. Er kann kaum ein Seil auffangen oder seine Feder halten, um auch nur ein einziges Wort niederzuschreiben. Auch das Laufen ist beschwerlich geworden.

Adventure
(Die Insel Berande)

Der Aufenthalt auf der Insel Guadalcanal inspirierte Jack London zu seinem Roman *Adventure* (1911). Er spielt auf der Kopra-Plantage der Insel Berande, die sich in nichts von der Penduffryn-Plantage unterscheidet. Genau in der Zeit, in der sich unter den Ureinwohnern ein Aufstand zusammenbraut, wird der Besitzer David Sheldon schwer krank. Da kommt Joan Lackland ins Spiel, eine schöne junge Amerikanerin, die mutig die Verteidigung der Plantage organisiert.

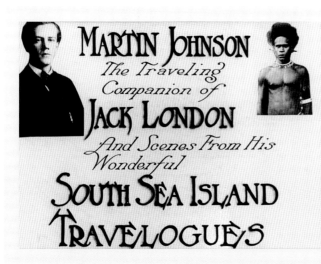

Martin Johnson

Martin Johnson (1884–1937), den die Londons aus Hunderten von Bewerbern als Koch für die *Snark* auswählten, ist das einzige Besatzungsmitglied, das an der gesamten Reise teilnahm. Er beschrieb ihre Abenteuer nicht nur in dem Buch *Through the South Seas with Jack London* (1913), sondern hielt auch Vorträge, bei denen er Fotos der Reise zeigte. Später wurde er zu einem Pionier des Dokumentarfilms und reiste 1917 sowie 1919 erneut nach Melanesien, um dort eine Serie von Filmen zu drehen (*Among the Cannibal Isles of the South Pacific*, *Cannibals of the South Seas* und *Head Hunters of the South Seas*).

»Es ging mir nicht besser und ich konnte die Reise unmöglich fortsetzen.« [8]

Er sieht ein, dass er sich unbedingt in medizinische Behandlung begeben muss, und beschließt, die Reise vorübergehend zu unterbrechen. Die *Snark* wird in der Nähe der Penduffryn-Plantage festgemacht, und Jack bricht in Begleitung Charmians und Martin Johnsons am 4. November 1908 an Bord des Dampfschiffs *Makambo* nach Sydney auf, das sie am 14. November erreichen.

Den Ärzten im Krankenhaus St. Malo in Sydney gelingt es nicht, die Hautgeschwüre, an denen Jack leidet, genau zu diagnostizieren: »Die australischen Spezialisten waren sich einig, dass es sich nicht um eine Infektionskrankheit handelte und sie deshalb von den Nerven herrühren musste.« [9]

↑
Ureinwohner der Salomon-Inseln empfangen die *Minota*. Das Deck ist rundum mit Stacheldraht gesichert, 1908.

Erst Jahre später erfuhr er, dass wohl Pellagra, eine Erkran-
kung aufgrund von Fehlernährung, die Ursache war. Am 30. November muss Jack eine doppelte Fistel operativ entfernen lassen und
beschließt angesichts seines schlechten Gesundheitszustandes,
die Reise um die Welt zu beenden. Charmian ist am Boden zerstört.

Martin Johnson - das einzige verbliebene Mitglied der Mannschaft, mit der die Londons die Bucht von San Francisco verließen -
holt die *Snark* nach Sydney, wo sie verkauft werden soll. Für einen
einmonatigen Genesungsurlaub reisen Jack und Charmian nach
Tasmanien und warten dort auf ihre Abreise aus Ozeanien.

Auch wenn sie vorzeitig und auf dramatische Weise endete,
blieb diese Reise durch die Südsee eines der schönsten Abenteuer
der Londons. Davon zeugt auch die Widmung in Charmians 1915 ver-
öffentlichtem Logbuch der *Snark* (*The Log of the Snark*):
»Für meinen Mann, der diese glücklichsten und wunderbarsten Seiten meines Lebens möglich machte.«[10]

In literarischer Hinsicht inspirierte die Südsee
Jack neben einer Vielzahl von Artikeln auch zu einer
ganzen Reihe von Erzählungen und Romanen, darun-
ter *Adventure* (1911), *The Cruise of The Snark* (1911), *South
Sea Tales* (1911), *A Son of the Sun* (1912), *The House of Pride*
(1912), *On the Makaloa Mat* (1919), *Michael, Brother of
Jerry* (1917) und *Jerry of the Islands* (1917).

Einige Mitglieder der Mannschaft der *Snark*
blieben ihnen noch lange Zeit verbunden: Nakata,
der Schiffsjunge aus Hawaii, blieb über viele Jahre ihr
treuer Diener, und Martin Johnson, der selbst ein großer Abenteurer und ein Pionier des Dokumentarfilms
wurde, schrieb regelmäßig Briefe und besuchte sie
sogar auf ihrer Farm in Kalifornien.

↙
Die *Snark* an der Küste
der Insel Santa Isabel –
trockengefallen, um während
der Ebbe ihren Rumpf
von Muscheln zu befreien,
Salomon-Inseln, 1908.

↓
Jack London muss auf der
Penduffryn-Plantage das Bett
hüten, Guadalcanal, 1908.

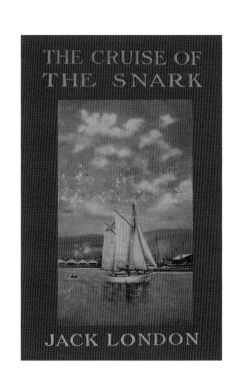

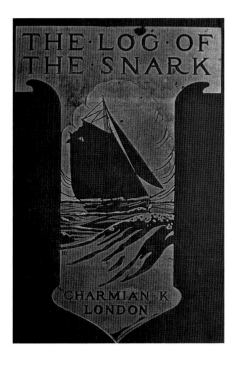

↑
Charmian und Jack London
in Tasmanien, 1909

→
Originaleinbände der Bücher
The Cruise of the Snark
(1911) von Jack London und
The Log of the Snark
(The Macmillan Co., 1915)
von Charmian London

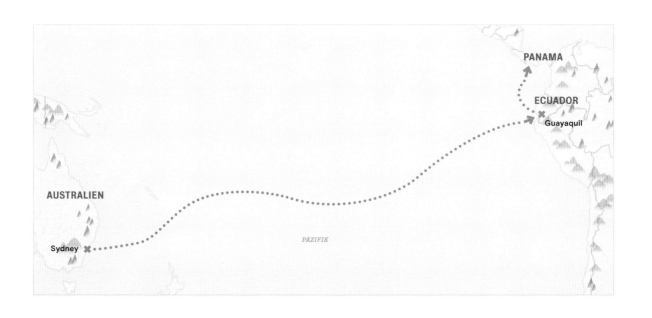

Das Schicksal der *Snark* war weniger glänzend - Jack verkaufte sie für 4500 Dollar, gekostet hatte sie das Siebenfache. Die Besitzer wechselten, eine Zeitlang wurde sie wohl, wie die *Minota*, als Sklavenschiff genutzt. Sie befuhr weiter die Gewässer der Südsee und wurde 1919 noch einmal von Martin Johnson gesichtet, danach verlieren sich ihre Spuren.

Obwohl er noch geschwächt ist, beschließt Jack, auf dem Rückweg einen Zwischenstopp in Lateinamerika einzulegen. Am 7. April 1909 machen er, Charmian und Nakata sich an Bord des Kohlefrachters *Tymeric* auf den Weg nach Ecuador. Auf der 43 Tage dauernden Überfahrt kommen sie an der berühmten Insel Pitcairn vorbei, auf die sich einst die Meuterer der *Bounty* flüchteten. Vom Hafen von Guayaquil aus fahren sie mit dem Zug weiter in die Hauptstadt Quito. Diese Eisenbahnlinie, erst ein Jahr zuvor eröffnet, gilt damals als

↖
Jack und Charmian an Deck
der *Tymeric* bei der Abfahrt
nach Südamerika, 1909

↑
Die durch die Anden führende
Eisenbahnlinie zwischen
Guayaquil und Quito, 1909
(Foto von Jack London)

die gefährlichste der Welt. Die 450 Kilometer lange Strecke führt in mehr als 3500 Meter Höhe an den Hängen des Vulkans Chimborazo entlang über die Anden.

Während ihres dreimonatigen Aufenthalts in Ecuador jagen sie Alligatoren und besuchen einen Stierkampf, den Jack entrüstet als »Sport für Feiglinge« bezeichnet.

Danach fahren sie mit dem Schiff in die noch junge Republik Panama. 1903 hatte das Land dank finanzieller und militärischer Unterstützung der Vereinigten Staaten seine Unabhängigkeit von Kolumbien erlangt. Für Washington stand viel auf dem Spiel: In Panama wurde der von Ferdinand de Lesseps Ende des 19. Jahrhunderts begonnene Panamakanal gebaut, der den Atlantik mit dem Pazifik verbinden sollte. Gegen die einmalige Zahlung von zehn Millionen Dollar in Goldmünzen und jährliche Pachtzahlungen

↖
Markt in Quito, Ecuador, 1909
(Foto von Jack London)

↗
Straße in Quito, Ecuador, 1908
(Foto von Jack London)

→
Charmian London
in einer Straße in Quito,
Ecuador, 1908
(Foto von Jack London)

↑
Bau des Panamakanals:
das Ausbaggern der Rinne im
Culebra-Gebirge, 8. April 1907.
Jack London besucht den
Ort am 2. Juli 1909.

erkauften sich die USA von der neuen Regierung das Recht, den Bau auf eigene Rechnung zu Ende zu führen, den Kanal zu betreiben und eine acht Kilometer breite Zone zu beiden Seiten des Kanals zu kontrollieren. In dem unerbittlichen Wirtschaftskrieg, den sie mit den europäischen Kolonialmächten führten, betrachteten die Vereinigten Staaten Mittelamerika, die Karibik und das nördliche Südamerika als ihre Einflusszone: Seit 1823 beanspruchten die USA mit der Monroe-Doktrin das Recht, jede europäische Einmischung in die Angelegenheiten der unabhängigen amerikanischen Staaten militärisch zu beantworten. 1904 wurde diese Position durch den »Roosevelt-Zusatz« noch verstärkt, der ein US-amerikanisches Interventionsrecht auch im Falle inneramerikanischer Konflikte vorsah. Die Kontrolle des Panamakanals bedeutete die verbesserte Kontrolle über Handelsaktivitäten sowie den Transport von Rohstoffen in der Region, aber auch die Möglichkeit, eigene Truppen schneller bewegen zu können.

Am 25. Juni erreichen Jack, Charmian und Nakata den Panamakanal, und am 2. Juli fährt Jack zur Besichtigung der Baustelle nach Culebra. Er ist restlos begeistert von dem Know-how der amerikanischen Ingenieure und diesem kolossalen Meisterwerk von 77 Kilometer Länge, mit riesigen Schleusen und sogar einem künstlichen See, um einen gleichbleibenden Wasserstand garantieren zu können. Zwei Tage später feiern die Londons den Unabhängigkeitstag der USA in Panama-Stadt, bevor sie mit dem Schiff nach New Orleans weiterreisen und von dort aus mit dem Zug in ihr kalifornisches Heim zurückkehren.

↓
In der Satirezeitschrift *Puck* am 13. August 1903 erschienene Karikatur mit dem Titel *The Pull of the Monroe Magnet* (*Die Anziehungskraft des Magneten Monroe*): Uncle Sam, dessen Beine einen Hufeisenmagneten bilden, auf dem geschrieben steht »Protektorate der Vereinigten Staaten«, zieht kleine Figuren an, die die verschiedenen Staaten Mittel- und Südamerikas symbolisieren (Kuba, Nicaragua, Costa Rica, Honduras, Guatemala, Salvador, Kolumbien). Panama hat er bereits in der Tasche.

1909 — 1911

RÜCKKEHR

NACH
KALIFORNIEN

A m 28. Juli 1909 sind Jack und Charmian nach 27 Monaten wieder zu Hause. Jack wird dank des milderen Klimas in Kalifornien schnell wieder gesund und widmet sich mit großer Begeisterung dem Aufbau seiner Farm. Schon sein Adoptivvater John London hatte von einem eigenen landwirtschaftlichen Betrieb geträumt, war aber immer wieder an der Umsetzung gescheitert. Jack hat den Traum seines Vaters zu seinem eigenen gemacht: »Für mich ist meine Farm die Welt und die Welt ist eine Farm«,[2] erklärt er Charmian. Jack kauft mehrmals Land hinzu und vergrößert seinen Besitz auf mehr als 400 Hektar, auf denen er Obst und Wein anbaut. Er stürzt sich in die Viehzucht und investiert in den Anbau von Eukalyptus - innerhalb weniger Monate lässt er 100 000 Setzlinge anpflanzen. Seine Halbschwester Eliza wird von Jack zur Verwalterin ernannt und sorgt tatkräftig für einen reibungslosen Ablauf auf der Farm.

»Es gibt kein besseres Leben als das Landleben – es ist das einzig wirklich natürliche Leben.«[1]

←
Jack in der Bucht von
San Francisco,
zwischen 1910 und 1913

↑
Ackerbau auf der Farm von
Jack und Charmian London,
Sonoma Valley, um 1911

In diesem kleinen Paradies, fernab vom geschäftigen Treiben in den Städten, kommt bei Jack und Charmian der Wunsch auf, eine eigene Familie zu gründen. Kaum zwei Monate nach ihrer Rückkehr aus der Südsee ist Charmian schwanger geworden, und Jack ist völlig aus dem Häuschen, wieder Vater zu werden.

Im Sommer 1910 werden all ihre Hoffnungen zunichtegemacht. Ihre Tochter Joy stirbt nur 38 Stunden nach der schweren Geburt am 19. Juni. Das Paar ist am Boden zerstört. Jack lässt seinen neuen Roman, *The Assassination Bureau, Ltd.*, unvollendet.

»Unser Baby Joy hat uns, kaum achtunddreißig Stunden alt, in der Morgendämmerung verlassen.«[3] (Charmian London)

↑
Jacks Halbschwester Eliza
Shepard auf der Farm, um 1911

↑
Jack London auf der
Farm, um 1911

←
Bau einer Scheune auf
der Farm, um 1911

↖
James J. Jeffries liegt
von Jack Johnson be-
siegt am Boden, 4. Juli
1910, Reno, Nevada:
»Bei keinem anderen
Kampf in der Box-
geschichte standen
sich jemals zwei solche
Giganten gegenüber.«[4]

←
Gruppenbild mit Jack
London und anderen
Sportreportern
(in der zweiten Reihe
der Vierte von rechts),
Reno, Nevada, Juli 1910

Charmian muss im Krankenhaus von Oakland wochenlang das Bett hüten. Sie drängt Jack, nach Nevada zu fahren, um dort einen Vertrag einzulösen, den er in den letzten Wochen mit dem *New York Herald* geschlossen hat. So fährt er nur wenige Tage nach dem dramatischen Ereignis nach Reno, um als Journalist über den Boxkampf zwischen Jack Johnson und James Jeffries um die Weltmeisterschaft im Schwergewicht zu schreiben.

Jack wird von den größten Champions als Fachmann respektiert und schreibt regelmäßig Reportagen über das Boxen, das zu seinem Lieblingssport geworden ist. Er trainiert von Jugend an regelmäßig - sogar mit Charmian! - und hat immer ein Paar Boxhandschuhe im Gepäck, um für jede Art von Herausforderung bereit zu sein. Seiner Meinung nach entwickelt sich das Boxen »in uns genau wie die Sprache. Es ist eine instinktive Leidenschaft, die aus unseren Wurzeln erwächst. Wir können ihr nicht entkommen, das ist eine Tatsache, eine konkrete, unwiderlegbare Tatsache. Wir lieben es zu kämpfen, das liegt in unserer Natur.«[5] Die Zuschauer »wollen Kämpfe und das rote Blut Adams sehen, das immer noch in ihren Adern fließt. Dieses Phänomen ist fundamental menschlich. Ein Soziologe oder ein Moralist, der diesen Aspekt außer Acht lässt, ist nicht in der Lage, sich angemessen über das Schicksal der Menschheit Gedanken zu machen.«[6]

Die Ankündigung des Boxkampfs am Nationalfeiertag hat das Land in Begeisterung versetzt. »Nie zuvor und an keinem Ort hat ein Kampf eine so große Zahl von Journalisten versammelt«,[7] schreibt Jack. Und die Enttäuschung ist riesengroß, als der schwarze Johnson den Kampf in der sechsten Runde durch K.o. für sich entscheidet und damit die Hoffnungen zerstört, die sich die meisten Zuschauer und Fachleute auf einen Sieg ihres »weißen Champions« gemacht hatten. »Der Jahrhundertkampf war im Grunde genommen ein Monolog, der 20000 Zuschauern von einem lächelnden Schwarzen geboten wurde, der nie zweifelte und nie länger als einen kurzen Moment lang ernst blieb«,[8] schreibt Jack im *New York Herald*.

↓
Jack London hat mehrere Erzählungen rund um den Boxsport geschrieben, darunter *The Mexican*, *The Game* und *The Abysmal Brute*. In dieser letzten Erzählung prangert er die Ausbeutung der Boxer durch ihre Manager und die Organisatoren der Boxkämpfe an.

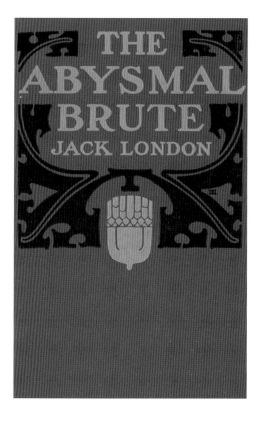

»Heute bin ich zum Farmer geworden und kann das Meer nicht sehen. Ich kann mich aber nur für eine gewisse Zeit von ihm fernhalten. Nach einigen Monaten werde ich ruhelos.«[9]

Nach dem Tod ihrer Tochter finden Jack und Charmian - wie so oft in ihrem Leben - beim Segeln ein wenig Linderung. Jack kauft ein kleines, neun Meter langes Segelboot, die *Roamer*, mit dem sie regelmäßig mehrwöchige Reisen in der Umgebung der Bucht unternehmen. Sie erkunden in Begleitung des hawaiianischen Schiffsjungen Nakata die Mündungen des Sacramento und des San Joaquin, wo sie Welse angeln und Wildenten jagen. Außerdem besuchen sie Jacks alte Bekannte aus seiner Zeit als Austernpirat: Charley Le Grant, ein ehemaliges Mitglied der Fischereipatrouille, oder auch den Ex-Piraten French Frank. »Die erste Reise an Bord der *Roamer* war wunderbar«, erinnerte sich Charmian. »Danach ging es immer so weiter. Jack sagte dazu, wir ›snarkten‹ noch einmal.«[10]

»Wer einmal Seemann ist, ist es für immer. Der Geschmack der salzigen Luft bleibt für immer auf der Zunge«,[11] sagte Jack oft, wenn es darum ging, dass er in Glen Ellen ein »Seemann auf einem Pferd« blieb.[12]

↓
Die *Roamer*,
um 1910

Die *Roamer*, um 1910

Jack London und French
Frank, der ehemalige
»Pirat«, Vallejo, 1911

Charmian London mit
French Frank, Vallejo, 1911

←
Jack am Steuer
der *Roamer*, um 1910

↗
Jack London bei der
Wildentenjagd an Bord
der *Roamer*, um 1910

→
Nakata am Steuer
der *Roamer*, um 1910

→
»Gemeinsam lernten wir
die Flüsse und gewundenen
Wege durch die Sümpfe
kennen ..., die Jack bereits
früher entdeckt hatte.«[13]
(Charmian London)

An Bord der *Roamer* schmieden Jack und Charmian Pläne für ihr nächstes großes Projekt: Sie wollen in Glen Ellen ein monumentales Haus bauen, wo sie in Zukunft leben werden.

Sie taufen es *Wolf House* (Wolfshaus) und errichten es auf einem riesigen »schwimmend« gelagerten Fundament, das auch dem schlimmsten Erdbeben standhalten soll. Das rustikale Äußere des Gebäudes wird sich mit modernster, erlesenster Inneneinrichtung verbinden und harmonisch in die Natur einfügen. Die Mauern werden aus Lavagestein errichtet, der Dachstuhl aus den Stämmen von Mammutbäumen gezimmert und das Dach mit spanischen Ziegeln gedeckt.

Alles am »Wolfshaus« ist überdimensional: Auf einer Grundfläche von insgesamt 4500 Quadratmetern gruppieren sich drei Gebäude um einen zentralen Patio mit überdachtem Swimmingpool, der von einem Bach gespeist wird. In den 26 Zimmern auf vier Etagen gibt es neun große Kamine. Außerdem ist es mit einer Belüftungsvorrichtung, heißem Wasser und elektrischem Strom für Beleuchtung und Heizung ausgestattet

Das Ganze wird so geplant, dass die beiden ganz nach Wunsch für sich allein oder zusammen sein können: Jacks Zimmer liegt im obersten Stockwerk, darunter die Wohnung Charmians. Schreiben kann Jack in einem großen Arbeitszimmer, das durch eine Wendeltreppe mit einer knapp 6 mal 12 Meter großen Bibliothek verbunden ist, in der er endlich sein gesamtes Dokumentationsmaterial unterbringen kann. Im zweigeschossigen Wohnzimmer von fast 18 Meter Länge steht Charmians Steinway-Flügel.

Weitere Zimmer sind für die Wohnungen der Hausangestellten, für Freizeitaktivitäten oder als Meditationsraum geplant. Und die vielen Freunde und Bekannten, die oft bei ihnen zu Besuch sind, machen besondere Räumlichkeiten erforderlich, vor allem Gästezimmer und ein riesiges Esszimmer, in dem 50 Gäste Platz finden.

Da die Bauarbeiten des »Wolfshauses« viele Monate in Anspruch nehmen werden, richtet sich das Paar in der Zwischenzeit in einem alten restaurierten Cottage in der Nähe ein.

»Mit Gottes Hilfe wird mein Haus noch in tausend Jahren stehen.«[14]

←
Jack auf der Baustelle des »Wolfshauses«, 1912

↓
Das »Wolfshaus«, Zeichnung des Architekten Albert L. Farr aus San Francisco, um 1910

↑
Das fast fertiggestellte
»Wolfshaus«, 1913

↗
Jack prüft auf der Baustelle die
Pläne des »Wolfshauses«, 1913.

→
Das Cottage, in dem Jack
und Charmian sich während
der Bauarbeiten des »Wolfshauses« einrichten, um 1913

»Da wir das Sonoma Valley als Wohnort gewählt hatten, ... war es an der Zeit, dass wir unser County und auch die benachbarten Countys kennenlernten.«[15]

Während die Bauarbeiten am »Wolfshaus« beginnen, unternehmen Jack und Charmian im Sommer 1911 in einer vierspännigen Kutsche und wieder in Begleitung Nakatas eine Recherchereise, die sie 2400 Kilometer weit durch den Norden Kaliforniens bis nach Oregon führt.

Nachdem sie die Pazifikküste hochgefahren sind, erkunden sie die noch unberührte Berglandschaft mit uralten Mammutbäumen und machen Station in abgelegenen kleinen Dörfern, wo ihre Ankunft jedes Mal für Aufsehen sorgt. »Wir sind an die Orte gefahren, an denen Geschichte geschrieben wurde und haben uns gleichzeitig an der Landschaft erfreut. ... An jeder Wegbiegung erblickten wir ein neues Bild von atemberaubender Schönheit. Jeder Blick zurück schenkte uns eine perfekte Komposition aus Linien und Farben, dem intensiven Blau des Wassers, gesäumt von prächtigen Eichen und leuchtend grünen Feldern mit Bändern aus orangefarbenen Mohnblumen.«[16]

Jack hingegen ist auf der Suche nach seinen Wurzeln in diesem Amerika eines anderen Zeitalters und versucht, die Gefühle der ersten Pioniere auszudrücken: »Ich bin trotz meines englischen Namens ein Mann des Westens. Ich bin mir darüber im Klaren, dass der romantische Charme Kaliforniens im Begriff ist, fast ausnahmslos zu verschwinden, und ich beabsichtige so viel wie eben möglich davon zu bewahren, zumindest für mich.«[17]

→
Jack und Charmian
London während
ihrer Reise durch
Kalifornien und Oregon,
Sommer 1911

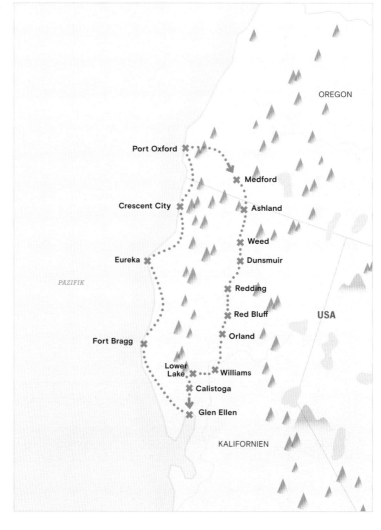

←
Jack London während einer
Pause im Wald, Sommer 1911.
»Entspannung bedeutete
für ihn keinesfalls Nichtstun,
sondern seine Gedanken
weiterzuentwickeln und
etwas anderes zu tun.«[18]
(Charmian London)

↗
»Was irgendjemand getan hat,
kann ich auch tun. ... Denkt
daran, dass ich, als wir auf der
Snark unterwegs waren, keine
Ahnung von der Schifffahrt
hatte und dass ich es mir
selbst beigebracht habe.«[19]

→
»Unsere Reise führte uns
von Glen Ellen zur Küste und
dann in Richtung Norden
nach Bandon in Oregon.«[20]
(Charmian London)

DIE DÜSTEREN

STUNDEN

»Während der gesamten 148 Tage war Land in Sicht, aber einmal ... haben wir buchstäblich das Ende der Welt gesehen – die Landspitze Kap Hoorn.«[1] (Charmian London)

I n Glen Ellen schöpfen Jack und Charmian zwischen ihren Abenteuern neue Energie. Nur wenige Monate nach ihrer Kutschreise durch den Norden Kaliforniens unternehmen die beiden an Bord eines viermastigen Kap-Hoorniers, der *Dirigo*, erneut eine lange Seefahrt. Da das Frachtschiff keine Passagiere befördern darf, müssen sich die beiden, obwohl sie für die Reise bezahlen, offiziell als Mannschaftsmitglieder verpflichten - Jack als erster Offizier, Charmian als Hostess und Nakata als »Verwaltungsassistent«.

Die *Dirigo* verlässt Baltimore am 2. März 1912, fährt entlang der amerikanischen Ostküste in Richtung Süden, umrundet Kap Hoorn und steuert dann Seattle an. An Bord sind Jack und Charmian 148 Tage lang von der Außenwelt abgeschlossen.

Wie immer verbringen sie ihre Zeit damit, zu schreiben, zu lesen und Karten zu spielen - oder sie veranstalten ein Boxtraining. Außerdem beobachten sie die Arbeiten an Bord und bekommen

←
Jack auf seiner Farm im Sonoma Valley, um 1913

↑
Charmian London auf dem Deck der *Dirigo*. Im Arm hält sie den Foxterrier Possum, den sie vor der Abfahrt in New York gekauft hatten und der von da an ihr treuer Begleiter sein sollte, 1912.

↓
Folgende Doppelseite:
Die *Dirigo*, 1912. »Es war hart und bitterkalt, aber für mich war nichts von Bedeutung, außer, dass wir das Land hinter uns gelassen hatten und lange glückliche Monate auf See mit seiner reinigenden Einfachheit vor uns lagen.«[2] (Charmian London)

The Mutiny of the Elsinore
(Meuterei auf der Elsinore)

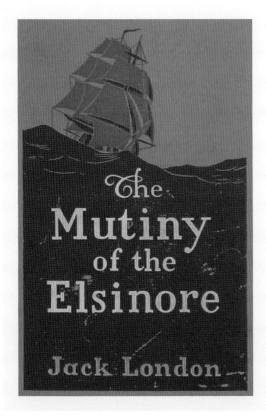

Jack schreibt an Bord der *Dirigo* den Roman *The Mutiny of the Elsinore* (1914). Galbraith, der Held des Buches, ist ein vermögender Schriftsteller. Gelangweilt und niedergeschlagen geht er in Baltimore in Begleitung seines japanischen Dieners und seines Foxterriers an Bord eines Kap-Hoorniers mit dem Ziel Valparaiso. An Bord der *Elsinore* begegnet er der Tochter des Kapitäns, einer jungen Frau der gehobenen Gesellschaftsschicht, und verliebt sich in sie. Aber auf dem Schiff herrschen heftige soziale Spannungen: Der Kapitän lenkt mit eiserner Hand eine Mannschaft aus Vagabunden und Ex-Sträflingen, die der Icherzähler als Sadisten und Trunkenbolde an der Grenze zur Animalität beschreibt. Als ein Aufstand ausbricht, gelingt es Galbraith, die Meuterer mit seinem Jagdgewehr in Schach zu halten. Ausgehungert ergeben sich die Aufständischen schließlich.

In dieser Zeit der schlimmsten Prüfungen seines Lebens – seine schlechte Gesundheit, das Scheitern seines Traums, wieder Vater zu werden, die Jagd nach dem Geld – schreibt Jack London sein dunkelstes Werk. Die pessimistische Stimmung kommt bereits im Namen des Schiffes zum Ausdruck, den Jack ihm in Anlehnung an den Namen der Burg gibt, in der Shakespeares Tragödie *Hamlet* spielt. In *The Mutiny of the Elsinore* gilt das Gesetz des Stärkeren, und die besitzende Klasse setzt sich letztendlich brutal und ohne jedes Mitleid durch. »Genau so schmeckt Macht!«, ruft Galbraith am Ende des Romans aus. »Eigentlich wollte ich meiner literarischen Ader nachgeben und diesem Gesindel die Leviten lesen, aber Gott sei Dank hatte ich genug gesunden Menschenverstand, es nicht zu tun.«[3]

so einen Einblick in den Alltag der Seeleute. Bei ihrer Ankunft in Seattle werden sie von Martin Johnson, ihrem ehemaligen Gefährten auf der *Snark*, empfangen. Sie sind sehr bestürzt, als sie erfahren, dass die *Titanic* vor der Küste Neufundlands gesunken ist und dass der ehemalige Präsident Ecuadors und Anführer der Revolution, José Eloy Alfaro Delgado, von einer aufgebrachten Menge gelyncht wurde.

Charmian wird während der Seereise erneut schwanger, erleidet aber eine Woche nach ihrer Rückkehr auf die Farm im Alter von 39 Jahren eine Fehlgeburt. Sie beginnen zu begreifen, dass ihr gerade fertiggestelltes ideales Heim trotz ihres sehnlichsten Wunsches ein Heim ohne Kind bleiben wird.

In Glen Ellen lebt Jack weiterhin seinen großen Traum vom Leben als Farmer. Er studiert sorgfältig die neuesten landwirtschaftlichen Fachzeitschriften und stürzt sich ständig in neue, immer ehrgeizigere Projekte. 1913 erwirbt er für viel Geld den Shire-Horse-Hengst

↖ ↑
Matrosen der *Dirigo*
bei der Arbeit, 1912
(Foto von Jack London)

The *Elsinore* raced on through the storm-
white sea and the wrath-somber sky

The Sea Gangsters

A MODERN TALE OF LOVE, MUTINY AND FATE ABOARD THE GOOD SHIP "ELSINORE"

By Jack London

Author of "The Call of the Wild," "Smoke Bellew," "John Barleycorn," etc.

Illustrated by Anton Otto Fischer

SYNOPSIS: Out from Baltimore, down across the Four Seas swings the good ship *Elsinore*, under can-

they could knock seamanship into them. And he proceeded to do it, literally. Right then and there

↖
Vorveröffentlichung des
Romans *The Mutiny of the
Elsinore* mit dem Titel *The
Sea Gangsters*, in *Hearst's
Magazine*, Januar 1914

←
Matrosen der *Dirigo* bei
der Arbeit, 1912 (Foto von
Jack London). »Jack hatte
die *Dirigo* einem neueren
Klipper vorgezogen, weil sie
mit Skysegeln ausgestattet
war, die bald nicht mehr
in Mode sein würden.«[4]
(Charmian London)

→
Illustration Anton Otto
Fischers für die Vor-
veröffentlichung des
Romans *The Mutiny of
the Elsinore* in *Hearst's
Magazine*, 1914

»Es gibt so viele Ideen, die ich weiterverfolgen möchte und so viele Experimente, die ich verwirklichen möchte.«[5]

Neuadd Hillside, ein mehrfach prämiertes Zugpferd. Außerdem baut er für seine Maisproduktion zwei 15 Meter hohe Silos, die ersten in Kalifornien, die aus Steinen errichtet werden.

Die Farm ist in finanzieller Hinsicht zu einem Fass ohne Boden geworden. Die Arbeitskräfte müssen bezahlt, das Land muss bestellt und neue Investitionen müssen getätigt werden. Jack ist permanent in Geldnot und stürzt sich in endlose juristische Auseinandersetzungen, um die unrechtmäßige Nutzung seiner Werke zu verhindern. Er muss regelmäßig mit den Banken über Hypotheken und mit seinen Verlegern über Vorschüsse verhandeln. Er schreibt ohne Pause Romane, Erzählungen und Artikel. Er ist zu einem wahrhaften Zwangsarbeiter geworden, der zur Schriftstellerei verdammt ist.

Im Laufe des Jahres 1913 häufen sich die dramatischen Ereignisse in allen Bereichen seines Lebens.

Die Obsternte erfriert, und seine Eukalyptuspflanzen werden durch einen Heuschreckenschwarm verwüstet. Er häuft immer mehr Schulden an, und Fehlinvestitionen verschärfen seine finanzielle Lage zusätzlich. Auch die Auseinandersetzungen mit seiner Exfrau Bessie nehmen zu und werden immer heftiger. Sie fordert ständig mehr Geld von ihm und wiegelt ihre beiden Töchter Joan und Beckie gegen ihn auf.

→
Jack und sein preisgekrönter Hengst auf der Farm in Glen Ellen, um 1913. »Jack begann seine Zucht reinrassiger englischer Pferde mit keinem geringeren als Neuadd Hillside, dem großen Champion von Kalifornien, der auch in England schon ausgezeichnet worden war.«[6] (Charmian London)

→
In der Landwirtschaft stützt Jack sich auf althergebrachte chinesische Methoden: »Was ich gerade mache? Kurz gesagt, ich versuche, das zu tun, was die Chinesen bereits seit vierhundert Jahren tun, das heißt, ich versuche das Land ohne Düngemittel zu bestellen. Ich bringe die ausgelaugten Böden der Hügel, die von unseren verantwortungslosen kalifornischen Pionieren bestellt und zerstört wurden, in ihren ursprünglichen Zustand zurück.«[7]

↑
Jack vor dem ersten Silo
der Farm, 1913

←
Der erste Silo, den Jack auf der
Farm bauen lässt, Glen Ellen,
1913. »Ein gemauerter Silo von
3,60 Meter Durchmesser, der
erste der beiden Silos und der
erste dieser Art in Kalifornien,
ragte 15 Meter hoch neben den
alten Ställen in den Himmel.«[8]
(Charmian London)

↑
Jack vor dem Cottage, Glen
Ellen, um 1913. »Es kommt
vor, dass ich mich irre, oft
sogar. Aber schaut euch
an, wie mein Traum Gestalt
annimmt. ... Versucht zu
verstehen, wonach ich
strebe.« [9]

↗
Jack in seinem Arbeits-
zimmer, Glen Ellen, um 1911

»Ich bin es so leid zu schreiben, dass ich mir die Finger und die Zehen abschneiden würde, um nicht mehr schreiben zu müssen.« [10]

Seit ihrer Trennung hat Bessie sich stets gegen einen Besuch seiner Töchter auf der Farm gewehrt. Wenn Jack die beiden Mädchen sehen will, muss er sich mit ihnen in Oakland treffen, wo die Zeit mit ihnen auf einen Restaurant- oder Kinobesuch oder auch einen Bummel zwischen den Fahrgeschäften des Idora Park beschränkt ist. Vor allem die Tatsache, keinen Einfluss auf ihre Erziehung nehmen zu können, löst bei ihm eine unerträgliche Frustration aus. Alles in ihm sträubt sich gegen die bürgerliche, puritanische Einstellung Bessies, die auch ihre Töchter gemäß den Konventionen der

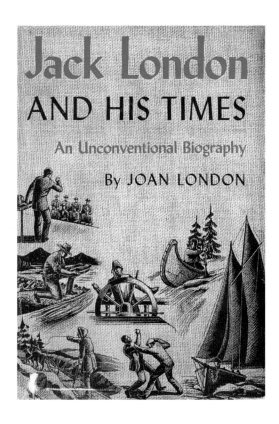

damaligen Zeit erziehen will: »Ich weigere mich, meine ganze Vaterliebe und meine Interessen zu opfern, um den kleingeistigen Vorurteilen deiner Engstirnigkeit zu genügen«,[11] schreibt er seiner Exfrau erbost. Seine ältere Tochter Joan hat sich auf die Seite ihrer Mutter gestellt. Jack und sie verstehen sich überhaupt nicht mehr und streiten häufig. Eine umfangreiche Korrespondenz zeugt von dem immer tiefer werdenden Graben zwischen den beiden. Als es im Februar 1914 zu einer heftigen Krise kommt, schreibt Jack seiner Tochter sogar diese schrecklichen Worte: »Bereits vor Jahren habe ich deiner Mutter mitgeteilt, dass ich mich, wenn ich nicht an eurer Erziehung teilhaben kann, früher oder später nicht mehr für euch interessieren werde, dass ich mich mit Abneigung abwenden und die Vergangenheit hinter mir lassen werde. … Aber denke jetzt nicht, dass ich mich meiner Pflicht und Verantwortung als Vater entziehen will. Dies ist nicht der Fall. … Ich werde für euch sorgen. Ihr werdet immer etwas zu essen und ein Dach über dem Kopf haben. Aber leider habe ich ein neues Kapitel aufgeschlagen und interessiere mich von jetzt an nicht mehr für euch.«[12]

Auch der Alkohol, den Jack seit seiner Jugend konsumiert, lässt ihn oft in tiefe Depressionen versinken. Charmian erträgt seine Trinkexzesse immer schlechter. Sie finden regelmäßig statt, vor allem wenn er mit Künstlerfreunden wie dem Dichter George Sterling zusammen ist. Um ihre Beziehung nicht zu gefährden, hat Jack es während der Monate auf der *Dirigo* allerdings geschafft, ganz auf Alkohol zu verzichten.

In seinem autobiografischen Roman *John Barleycorn* (1913) berichtet Jack offen

↖

Jacks älteste Tochter, Joan
London (1901–1971), hat
mehrere Bücher veröffentlicht.
Zwei von ihnen sind ihrem
Vater gewidmet: *Jack
London and His Times: An
Unconventional Biography*
(1939) und *Jack London
and his Daughters* (1990),
unvollendete Memoiren, die
nach ihrem Tod erschienen.

←
Jack mit Becky und Joan,
um 1910

↑
Jacks Töchter Joan und Becky,
Oakland, um 1904

← ↗
Vorveröffentlichung des
1. Kapitels des Romans *John
Barleycorn* in *The Saturday
Evening Post*, 15. März 1913

↗
Originaleinband des
Romans *John Barleycorn*
(The Century Co., 1913)

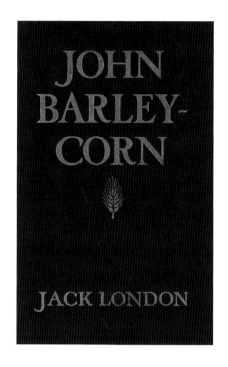

»*König Alkohol* ist alles andere als Fiktion. Es geht um nackte Tatsachen, ohne jede Beschönigung. Ich berichte hier über meine eigenen Erfahrungen im Königreich des Alkohols.« [13]

und ehrlich über seine Abhängigkeit: »Es ist eine Geisteshaltung, an die ich mein ganzes Leben gewöhnt worden bin. Sie ist jetzt Teil der Substanz, aus der ich bestehe. Ich liebe den sprudelnden Witz, das herzhafte Lachen, die widerhallenden Stimmen der Männer, die mit einem Glas in der Hand die graue Welt aussperren und ihr Hirn mit beschleunigtem Puls zu Späßen und Narrheiten anstacheln.« [14]

Das Buch wird ein riesiger Publikumserfolg und sogar zum Standardwerk der Vertreter der Antialkoholbewegung. Sechs Jahre später sollten diese recht bekommen, als mit der Prohibition - die auch Jack für sinnvoll hält - ein landesweites Verbot der Herstellung, des Verkaufs und des Transports von Alkohol angeordnet wird.

Zu viel Alkohol, sicherlich. Aber auch zu viel Tabak, zu viele Medikamente, zu viel Unglück – zu viel von allem. Jack ist 37 Jahre alt, und sein früher so kraftvoller Körper lässt ihn zunehmend im Stich: »In meinem Kiefer stecken kunstvolle Implantate der Zahnärzte und ersetzen Teile von mir, die schon hinüber sind. Nie mehr werde ich die Daumen meiner Jugend haben. Alte Prügeleien und Ringkämpfe haben sie irreparabel beschädigt. ... Die Gelenke meiner Beine, die mich aufrecht halten, sind längst nicht mehr so stark wie früher, als ich sie in wilden Nächten der Schwerstarbeit und des Vergnügens gezerrt, gestaucht und zerrissen habe.«[16]

Jack weiß, dass er körperlich nicht mehr derselbe ist und seine schönsten Abenteuer von nun an der Vergangenheit angehören werden. »Nie mehr werde ich mich auf See in der schwarzen Nacht eines Sturms in schwindelnde Höhen aufschwingen können«, gesteht er sich auf den letzten Seiten von *John Barleycorn* ein. »Nie mehr werde ich endlose Meilen auf dem arktischen Trail neben den Schlittenhunden herlaufen können.«[17]

Als er im Juli 2013 wegen einer Blinddarmoperation im Krankenhaus liegt, entdecken die Ärzte, dass er unter einer fortgeschrittenen Nierenschwäche leidet, die zunehmend an seinen Kräften zehrt. Ohne eine strenge Diät hat Jack über kurz oder lang keine Chance.

Im Spätsommer bricht die schlimmste Katastrophe dieses düsteren Jahres über sie herein. Das »Wolfshaus« ist fast fertiggestellt, und Jack und Charmian bereiten ihren Einzug in den ersten Herbsttagen vor. Aber am 22. August, gegen Mitternacht, bricht ein Feuer aus. Die Brandursache sind vermutlich ölgetränkte Tücher, die die Arbeiter dort liegen gelassen und die sich selbst entzündet haben. Aufgrund der abseitigen Lage der Baustelle wird das Feuer erst bemerkt, als das Haus bereits vollständig in Flammen steht. Das Dach stürzt ein, sämtliche Räume brennen aus – am Morgen nach dem verheerenden Brand stehen von ihrem Traumhaus nur noch die Mauern.

Abgesehen von der finanziellen Katastrophe ist in Jack etwas für immer zerbrochen: »Es ist nicht das verlorene Geld – obwohl auch das zur Zeit ziemlich schmerzlich ist. Am meisten verletzt mich die grundlose Zerstörung von so viel Schönheit.«[18]

»Was den Alkohol angeht, halte ich eine totale Prohibition für notwendig. Ich sage wohlweislich total.«[15]

»Flammen und Rauch stiegen kerzengerade in den windstillen, sternenübersäten Himmel.«[19] (Charmian London)

→
»Dieses Jahr 1913 hat mein Gesicht für immer gezeichnet. Danach war es nie wieder dasselbe.«[20]

↓
Folgende Doppelseite:
Das »Wolfshaus« nach dem verheerenden Brand vom 22. August 1913

1913 — 1914

JACK LONDON

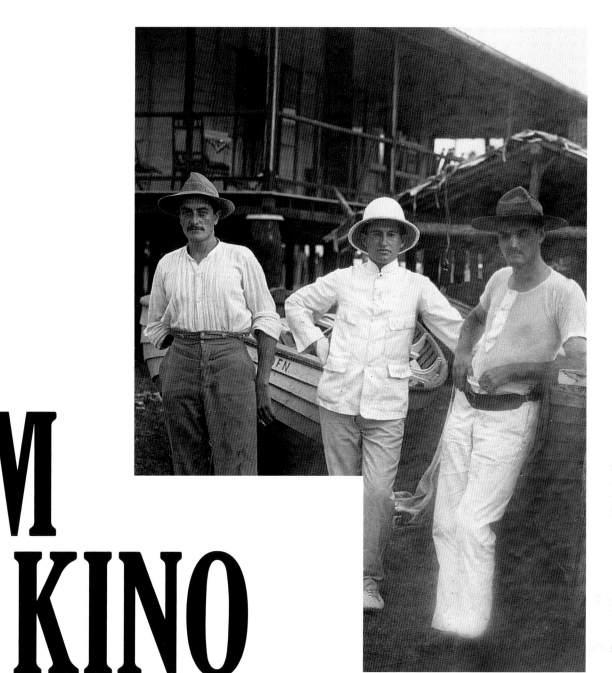

IM KINO

M it dem Ziel, ein größeres Publikum zu erreichen und seine Einkommensquellen breiter zu fächern, wendet sich Jack im Jahr 1913 verstärkt der Welt des Kinos zu. Die Stummfilme der damaligen Zeit basieren häufig auf literarischen Werken, um von der Bekanntheit ihrer Autoren zu profitieren. Da Filme damals in erster Linie im Freien gedreht werden, eignen sich Jacks Bücher mit ihren zahlreichen schillernden Figuren und Szenen in der Kulisse unberührter Natur hervorragend für eine Verfilmung.

Erste kinematografische Erfahrungen hatte er bereits 1908 auf der Penduffryn-Plantage auf den Salomon-Inseln gesammelt. Drei Kameraleute der Firma Pathé hatten dort einen (mittlerweile leider verschollenen) Film gedreht, und Jack hatte viel Spaß daran, den Plantagenbesitzer zu spielen, der bei einem Überfall von Kannibalen getötet wird.

←
Jack auf seiner Farm
in Glen Ellen, 1913

↑
Jacks Begegnung mit dem
Filmteam von Pathé Frères
auf der Penduffryn-Plantage
ist sein erster Kontakt
mit der Welt des Films,
Guadalcanal, 1908.

Das Auftreten einer Persönlichkeit wie Jack London in der noch jungen Filmindustrie sorgt für großen Aufruhr. So schreibt beispielsweise ein Reporter nach einem Interview mit dem Schriftsteller in New York am 31. Januar 1914: »Nie habe ich ausdrucksstärkere Augen gesehen als die hellgrauen Augen Jack Londons. Sie spiegeln die Tugenden eines einfachen Lebens und erhabenen Denkens wider, in ihnen leuchtet der Funke des Genies. Das Erscheinen eines solchen Mannes in der Welt des Kinos ist sicherlich ein gutes Zeichen und ein Grund zur Freude für all jene Filmschaffenden, die große Ideale haben.«[2]

»Hollywood« steckte noch in den Kinderschuhen. Erste unabhängige Produzenten ließen sich in diesen Jahren nicht nur wegen des Klimas an der Westküste nieder, sondern auch, um sich dem Einfluss und der Kontrolle des Edison Trust zu entziehen, der mit Hilfe von Patentklagen ein Monopol auf dem amerikanischen Filmmarkt anstrebte. Während es sich bei den ersten Produktionen vor allem um Kurzfilme handelte, die aus ein oder zwei Filmrollen bestanden, kommen jetzt auch Spielfilme heraus, darunter *From the Manger to the Cross* (*Von der Krippe bis zum Kreuz*, 1912) über das Leben Jesu oder *Quo Vadis*, der 1913 in den USA gezeigte italienische Kolossalfilm. Jack beabsichtigt, die Filmrechte seiner Bücher global mit einer einzigen Gesellschaft zu verhandeln, die sich der Produktion einer ambitionierten Reihe der »Films Jack London« widmen soll. Er will keinesfalls direkt an den Drehbüchern oder der Regie beteiligt sein, um sich voll und ganz seinem literarischen Schaffen widmen zu können.

Nach Verhandlungen mit der Balboa Amusement Producing Company entscheidet sich Jack für Hobart Bosworth, einen

»Anderen Menschen die Bilder zu vermitteln, die in meinem Kopf lebendig sind.«[1]

↓
Eine Filmszene wird auf der Penduffryn-Plantage gedreht. Auch Jack London ist in dem Film zu sehen, Guadalcanal, 1908.

anerkannten Schauspieler und Regisseur, der die Produktionsfirma Bosworth Inc. gegründet hat und mit dem Finanzier Frank A. Garbutt zusammenarbeitet. Bosworth gilt als einer der Gründungsväter der Filmindustrie von Hollywood: Er war Theaterschauspieler und begann seine Filmkarriere im Jahr 1908. Als er Jack London begegnet, hat er bereits als Drehbuchautor, Regisseur oder Schauspieler an Dutzenden von Filmen der Selig Polyscope Corporation mitgewirkt. Er ist eine imposante Erscheinung, deren abenteuerreiche Vergangenheit Jack nur begeistern kann: Bosworth war unter anderem Ringkämpfer, Minenarbeiter, Landarbeiter und Seemann auf einem Walfangboot.

↑
Dreharbeiten auf der
Penduffryn-Plantage,
Guadalcanal, 1908

↑
Hobart Bosworth, Film-
produzent, Regisseur und
häufig auch Hauptdarsteller
der »Films Jack London«, 1914

↗
Jack London und Frank A.
Garbutt, Finanzier und Finanz-
verwalter der Bosworth Inc.,
die die »Films Jack London«
produzierte, San Pedro, 1914

Aber als die Entscheidung gefallen ist, die Produktion mit der Bosworth Inc. und dem Thema des *Sea-Wolf* zu beginnen, entflammt ein Rechtsstreit zwischen Jack London und der Balboa Company. Beide Produktionsfirmen berufen sich auf Verträge mit Jack und drehen gleichzeitig zwei miteinander konkurrierende Versionen desselben Buches! Jack ist wutentbrannt und muss sich, seinen eigenen Worten zufolge, »der schlimmsten geschäftlichen Auseinandersetzung«[3] seines Lebens widmen. Er tritt dem amerikanischen Schriftstellerverband bei, um seine Rechte geltend zu machen, muss aber letztendlich einer gütlichen Einigung zustimmen. Beide Produktionen erscheinen gleichzeitig in den Kinos. Die

↑
Das Filmteam von *The Sea Wolf*, 1913. Hobart Bosworth ist der Vierte von rechts.

Auseinandersetzung führt aber zu neuen Gesetzen, die Autoren mehr Rechte an den Verfilmungen ihrer Werke garantiert.

Um dem Publikum deutlich zu machen, welche der beiden die offizielle und von Jack autorisierte Version ist, wird eine kurze, mit ihm auf der Farm in Glen Ellen gedrehte Szene zu Beginn des Films mit dem Vermerk »Films Jack London« gezeigt. Im Sinne des »Alfred Hitchcock präsentiert« einige Jahre später wird für jeden der folgenden Filme ein Vorspann gedreht: *Martin Eden* (1914), *The Valley of the Moon* (1914), *An Odyssey of the North* (1914). In *John Barleycorn* (1914) spielen drei Schauspieler die Rolle des Jack zu verschiedenen Zeitpunkten seines Lebens, und Jack erscheint sogar in einem Nachspann: Man sieht ihn auf seinem Segelboot, der *Roamer*, gefolgt von dem Zwischentitel »Und dies ist meine Botschaft«.[4] Außerdem lässt Bosworth Inc. in dem Werbematerial, das den Kinobesitzern und Filmzeitschriften zur Verfügung gestellt wird, keine Zweifel aufkommen: »Wir sind die einzige Produktionsfirma, die berechtigt ist, das vergangene, gegenwärtige oder zukünftige literarische Werk Jack Londons auf der Leinwand zu zeigen.«[5]

↖
Hobart Bosworth in *The Sea Wolf*. »Nachdem ich die Interpretation von Hobart Bosworth gesehen habe, ist mein eigenes Bild von dieser Figur verschwunden und mit der von Bosworth verkörperten Figur verschmolzen.«[6]

To the Progressive Exhibitor

Your audience will appreciate you showing them film classics adapted with consistency of magnitude from novels and stories of

JACK LONDON

FIRST OF THE SERIES READY FOR DELIVERY

JACK LONDON

THE SEA WOLF

IN SEVEN REELS

Typically characteristic of the author himself; redolent with the tang of the salt sea; a story that lays bare men's brute passions, yet portrays with exquisite touch the most original character in modern fiction.

Wire or write us for particulars of our exclusive territory contract for the first twelve Jack London productions

BOSWORTH INC.

EXECUTIVE OFFICES
648 South Olive St., Los Angeles, Cal.

SALES DEPARTMENT
110 West 40th Street, New York City

MENU

"BARLEYCORN" COCKTAILS CAPE COD

"BURNING DAYLIGHT" CELERY   OLIVES AU "SEA WOLF"

"MARTIN EDEN" PUREE

CHICKEN CASSEROLE AU "VALLEY OF THE MOON"

POTATOES "PARAMOUNT"

HEARTS OF ROMAIN "LONDON" DRESSING

"BOSWORTH" NEAPOLITAN PARFAIT

ASSORTED CAKES "ODYSSEY"

CAFE AU "PHANTOM"

SMOKES

CIGARS "SMOKE BELLEW"
CIGARETTES "HYPOCRITES"

↑
Werbeanzeige für die von der Bosworth Inc. produzierte Version des Films *The Sea Wolf*, erschienen in den *Motion Picture News* vom 20. Dezember 1913. Für den Rechtsstreit mit der Produktionsfirma Balboa, die ebenfalls einen Film nach derselben Romanvorlage drehte, »wendete Jack seine gesamte Energie auf und wurde, da seine Niederlage der aller amerikanischen Autoren gleichkommen würde, vom amerikanischen Schrift-stellerverband verteidigt, der entschlossen war, den Fall bis vor die höchsten Gerichte zu bringen.«[7] (Charmian London)

↑
Speisekarte für ein Abendessen im Hotel Adelphia, zu dem die Bosworth Inc. Journalisten aus Philadelphia zu Werbezwecken für die »Films Jack London« am 23. September 1914 einlud. Jedes Gericht hat einen Bezug zu Jack London und seinen Werken: Cocktails »Barleycorn«, Sellerie »Burning Daylight«, Oliven à la »Sea Wolf«, Püree »Martin Eden«, Hähnchen à la »Valley of the Moon«, Romanasalatsauce »London« ... Zum Schluss werden sogar Zigarren »Smoke Bellew« angeboten!

Als die Londons am 5. Oktober 1913 die Premierenvorstellung des Films *The Sea Wolf* im Grauman's Imperial Theater in San Francisco besuchen, sind sie von Bosworths Darbietung als schrecklichem Kapitän Larsen restlos begeistert: »>Der echte Seewolf, bis ins Mark ein Mann aus Fleisch und Blut‹, ruft Jack aus. ›Bis zu meinem Tod wird der Seewolf die Züge von Mr. Bosworth auf der Leinwand haben.«[8]

Jack und Charmian glauben damals, der Film würde eine lange Erfolgsserie einläuten. Dazu kommt es leider nicht, ebenso wenig wie zu dem erhofften Geldsegen. Obwohl die Werbetrommel kräftig gerührt wird, treffen die in sehr kurzer Zeit produzierten und veröffentlichten »Films Jack London« bis auf *The Sea Wolf* nicht den Geschmack der Kritiker und des Publikums.

◤
Herbert Rawlinson (Humphrey van Weyden) und Hobart Bosworth (Kapitän Wolf Larsen) in dem Film *The Sea Wolf* aus dem Jahr 1913 nach der 1904 erschienenen Romanvorlage. Jack und Charmian sind im August 1913 bei den ersten Aufnahmen in der Bucht von San Francisco zugegen: »Dies war das erste Mal, dass meine Arbeit in Bilder umgesetzt wurde, und ich erlebte zum ersten Mal, wie ein Film gemacht wird – für mich waren das mit die besten Augenblicke meines Lebens.«[9] Der Film lief am 7. Dezember 1913 in den Kinos an, zwei Monate bevor Charlie Chaplin in dem von Mack Sennett für das Studio Keystone produzierten Kurzfilm *Making a Living* (*Wunderbares Leben*) zum ersten Mal auf der Leinwand erschien.

Da die meisten dieser Filme heute nicht mehr existieren, ist es schwierig, die Gründe für ihren Misserfolg nachzuvollziehen. Liest man die Zeitschriften jener Zeit und die Korrespondenz zwischen Jack und der Bosworth Inc., hat es den Anschein, als hätte es den Filmen von Hobart Bosworth, die sich zu stark an die literarischen Vorlagen hielten, an Spannung gefehlt. »Einige unserer Filme, die kostspielig und von großem künstlerischen Wert sind, haben nicht die Anziehungskraft anderer neuer Produktionen, die mehr Aufsehen erregen«,[10] räumt der Finanzier Frank A. Garbutt ein. Jack selbst ist überzeugt davon, dass es gefährlich ist, seinen Werken zu treu zu bleiben. Er hat seinen Produzenten in künstlerischer Hinsicht von Anfang an freie Hand gelassen: »Ihr habt alle Freiheit der Welt bei meinen Texten. Sie Wort für Wort umzusetzen, würde in Filmen nicht so gut ankommen.«[11] Außerdem hatte er

↖
The Sea Wolf (1913). »Der Film hat ein enormes Bildungspotential und bietet dem Zuschauer die Möglichkeit, unzählige Dinge in dieser noch unbekannten Welt zu entdecken. … Das Kino wird zahlreiche Türen öffnen. Ich denke, die Filmschaffenden werden letztendlich alles, mit Ausnahme vielleicht der Wirtschaftspolitik, in laufende Bilder umsetzen.«[12]

↑
Herbert Rawlinson, Hobart Bosworth und Viola Barry (Maud Brewster) in *The Sea Wolf*. »Filme haben ein starkes Interesse in mir geweckt, ich gewöhne mich an sie, ich beginne, sie zu studieren und den Unterschied zwischen guten und schlechten Filmen zu verstehen. Ja, ich habe anfangs gedacht, die Leinwand sei gut für Landschaften und Aktionen, aber ich hatte keine Vorstellung von ihren wahren Möglichkeiten.«[13]

Jack Conway (Billy) und
Myrtle Stedman (Saxon) in
The Valley of the Moon (1914).
»Im Laufe des gesamten
Films begegnen uns die
Stärken Jack Londons, seine
autobiografisch geprägten
privaten Enthüllungen, seine
wunderbare Erzählkunst sowie
der poetische und romantische
Blick, den er auf das moderne
Leben und die alltäglichen
Dinge wirft.« (*The Moving Pic-
ture World*, 29. August 1914)

The Valley of the Moon kommt
im Juni 1914 in die Kinos.
Die Außenaufnahmen wurden
im Dezember 1913 in Glen
Ellen gedreht.

Werbeanzeige für den Film
The Valley of the Moon, er-
schienen in der *Moving Picture
World* vom 29. August 1914

sie mehrmals darauf hingewiesen, dass mehr Untertitel nötig seien, um die Geschichten verständlicher werden zu lassen: »Wir dürfen vom gewöhnlichen Publikum in den Kinosälen nicht zu viel erwarten und wir können nicht zu sehr auf die Fantasie der Menschen zählen. ... Nur wenige der durchschnittlichen Zuschauer in den Kinos haben die Geschichte, die wir ihnen erzählen und zum ersten Mal auf eine Leinwand zu bringen versuchen, gelesen oder auch nur von ihr gehört.«[14] Als die Kinobesitzer an der Ostküste den Filmen vorwerfen, ihr allzu dramatisches Ende verwirre das Publikum, fordert Jack erneut dazu auf, sich vom Originalwerk zu entfernen: »Ich sehe keinen Grund, warum der Drehbuchautor die Geschichte nicht ändern und den Film nicht glücklich statt tragisch enden lassen sollte. Seien Sie versichert, dass ich dem Drehbuchautor absolut freie Hand lasse, das Ende meiner Geschichten zu verändern.«[15]

Auch andere Faktoren haben wohl eine Rolle gespielt: Die Zensur entschärfte die Werke und schnitt vor allem aus *John Barleycorn* zahlreiche Trunkenheitsszenen heraus oder auch eine Szene mit einem Arbeiteraufstand aus *Valley of the Moon*. Zudem waren die Filme einfach zu lang für das an Kurzfilme gewöhnte Publikum der »Nickelodeons«, und auch der kürzlich in Europa ausgebrochene Krieg störte den Vertrieb der Filme außerhalb der USA empfindlich.

Die »Films Jack London« waren ehrgeizige Projekte und in vielerlei Hinsicht Wegbereiter, litten aber sicherlich an der Zeit ihrer Entstehung. In der Welt des Kinos ist in jenen Jahren alles im Umbruch: Die Studios reißen die Kontrolle über sämtliche Bereiche an sich - Produktion, Vertrieb, kommerzielle Nutzung -, und die unabhängigen

Jack London wird »mit der Verfilmung seiner Geschichten ein Vermögen machen«.[16] (Hobart Bosworth)

»Die Filme, die nach meinen Büchern gedreht wurden, haben sich als finanzielles Desaster entpuppt und mir nichts eingebracht.«[17]

Produzenten werden vertrieben. Hobart Bosworth, der mit seinem Geldgeber, dem Millionär Frank A. Garbutt, in Streit geraten ist, schließt sich der Universal Film Manufacturing Company an, um dort eine neue Karriere als Schauspieler zu starten. Garbutt wiederum stoppt die Produktion der »Films Jack London«, weil sie unrentabel sind, und geht zur Paramount Pictures Corporation, um dort Unterhaltungsfilme mit den neuen Leinwandstars zu fördern.

Dieser Ausflug in die Welt der Filmkunst hinterlässt bei Jack einen bitteren Nachgeschmack. Einer der Gründe dafür ist natürlich der finanzielle Misserfolg, aber auch die Erinnerung an den Rechtsstreit zur Verteidigung seiner Autorenrechte quält ihn. Zudem konnte er Produktion und Vertrieb nie wirklich kontrollieren, weil seine Reisen und seine zahlreichen anderen Aktivitäten ihn zu stark in Anspruch nahmen. Zu seinen Lebzeiten sollte keine weitere Verfilmung eines seiner Werke auf der Leinwand erscheinen.

Die Mehrzahl der von Bosworth gedrehten »Films Jack London« gibt es heute nicht mehr. Die Zeit überdauert haben nur der am 16. August 1914 erschienene Film *Martin Eden* mit Lawrence Peyton in der Hauptrolle und Viola Barry in der Rolle seiner großen Liebe Ruth Morse sowie einige Filmspulen von *An Odyssey of the North*.

↗
Der Schauspieler Antrim Short verkörpert in *John Barleycorn* Jack London in seinen Anfangsjahren als junger Schriftsteller.

→
»*John Barleycorn* von Jack London hat im Feuilleton der *Saturday Evening Post* für großes Aufsehen gesorgt und wird gleichzeitig als Buch erscheinen und verfilmt werden. Dies ist eine einzigartige, fast einem Bekenntnis gleichkommende Produktion, in der der Autor seine ersten Kämpfe mit König Alkohol heraufbeschwört.« (*Motion Picture News*, 13. Dezember 1913)

← *John Barleycorn* (1914). Wegen dieser Szene, in der der junge Jack London (dargestellt von Matthew Robert) von seinen italienischen Tischnachbarn gezwungen wird, Wein zu trinken, forderte die Zensurbehörde von Pennsylvania: »Schneiden Sie die lange Szene heraus, in der der Junge vergiftet wird, sowie den Untertitel, der seine Angst vor den Italienern schildert.«[18]

John Barleycorn und die Zensur

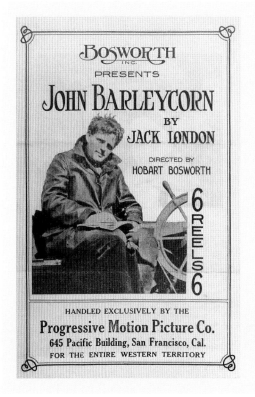

Deckblatt einer für Kinobesitzer bestimmten Werbebroschüre für *John Barleycorn* (1914). Die Verfilmung des gleichnamigen Buches, in dem Jack London sich zu seinem Alkoholismus bekennt, löst viele Diskussionen aus. Während ein landesweites Referendum zur Prohibition geplant ist, sieht die Alkoholindustrie dem möglichen Einfluss des Films mit Sorge entgegen und setzt die Produzenten unter Druck, den Filmstart bis nach den entscheidenden Abstimmungen zu verschieben. Bosworth Inc. lehnt ein Angebot von 25 000 Dollar dafür ab. Unterstützt wird die Produktionsfirma dabei von der Women's Christian Temperance Union (Vereinigung christlicher Frauen für Mäßigkeit), die der Ansicht ist, der Film sei »das stärkste Argument gegen den Alkoholkonsum, das dem Publikum auf der Leinwand geboten werden kann«.[19] Die Zensoren der Staaten Ohio und Pennsylvania hingegen sperren den Film und fordern, dass zahlreiche Szenen herausgeschnitten und neue Szenen gedreht werden, um am Ende die »Besserung des Menschen« zu demonstrieren.[20] Die mit dem Vertrieb betraute Firma beschließt, das Verbot zu missachten und *John Barleycorn* im Garrick Theatre in Philadelphia trotzdem ins Programm zu nehmen. Trotz einer drohenden Verhaftung eilen an den ersten beiden Abenden fast 2500 Menschen ins Kino. Nach einer Auseinandersetzung vor Gericht und in den Medien, im Laufe derer die enge Verbindung zwischen dem Leiter der Zensurbehörde von Pennsylvania und der Alkohollobby ans Licht kommt, darf der Film schließlich im August 1914 mit weniger als den geforderten Kürzungen und ohne zusätzliche Szenen auch in diesem Bundesstaat anlaufen.

An Odyssey of the North, die Verfilmung der im Jahr 1900 erschienenen Erzählung Jack Londons, kommt in den USA am 3. September 1914 in die Kinos. Hobart Bosworth spielt den zur Hälfte von Inuit abstammenden Naass, der sich auf die Suche nach seiner Gefährtin begeben hat, die am Tag ihrer Hochzeit von einem weißen Seemann entführt wurde.

↑
Hobart Bosworth (Elam
Harnish) und Myrtle Stedman
(Dede Mason) in *Burning
Daylight*, 1914

→
Plakat für den Film *Burning
Daylight*, der am 14. September
1914 anlief. Der Film bestand
aus zwei Episoden: *Burning
Daylight: The Adventures of
Burning Daylight in Alaska* und
*Burning Daylight: The Adven-
tures of Burning Daylight in
Civilization.*

THE CHECHAKO
BEING SOME OF THE ADVENTURES OF "SMOKE BELLEW"
JACK LONDON

BOSWORTH
INC.

↑
Jack Conway (Christopher
Bellew, genannt Smoke Bellew)
und Myrtle Stedman (Joy
Gastell) in *The Chechako*,
der Verfilmung des 1912
erschienenen Romans *Smoke
Bellew* von Jack London. Angesichts des geringen Erfolgs
der »Films Jack London«
sagte Paramount den für
den 23. November 1914 vor-
gesehenen Start des Films ab.
Hobart Bosworth versuchte
erfolglos, den Film an Universal
zu verkaufen, und *The Chechako*
kam nie in die Kinos.[21]

The Chechako, 1914

↑

The Chechako, 1914. Die Außenaufnahmen der »Films Jack London«, die in Klondike spielen, wurden im Winter 1913/1914 im Norden Kaliforniens gedreht. Als das Filmteam von Bosworth am 1. Februar 1914 am Drehort ankam, »fanden sie zwei Meter fünfzig hohen Schnee vor, völlig zugeschneite Zäune und einige unter Schneewehen begrabene Häuser. Mehrere Schneestürme ermöglichten, den fallenden Schnee in die Arbeit einzubeziehen. ... Die dressierten Hunde aus Alaska waren außer sich vor Freude, wieder im Schnee herumtollen zu können« (*Motion Picture World*, 21. März 1914).

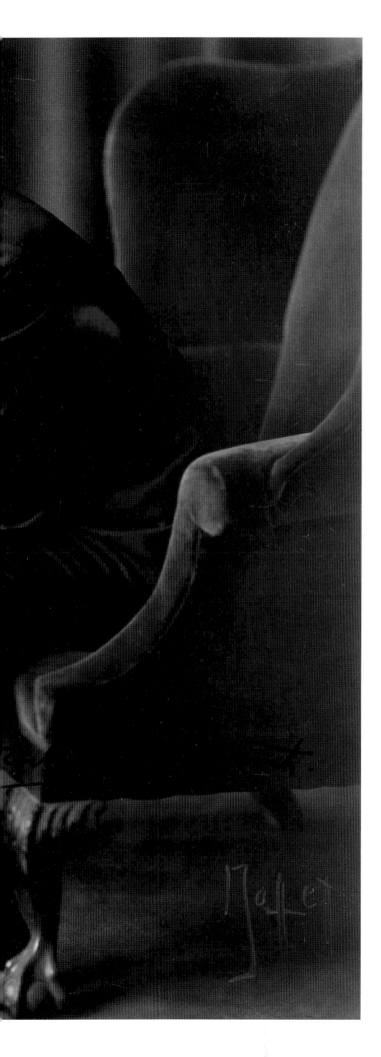

Hobart Bosworth mit
Skookum, dem Hund, der
bei drei Verfilmungen der
Werke Jack Londons, die im
hohen Norden spielten, zum
Einsatz kam: *An Odyssey of
the North*, *Burning Daylight*
und *The Chechako*. Bosworth
hatte Skookum zusammen
mit zahlreichen Malamutes
und Huskys gekauft und sehr
ins Herz geschlossen. Nach
Beendigung der Dreharbeiten
wurde er zu seinem treuen
Begleiter in Kalifornien, wo er
sogar mehrmals dem Publikum
vorgestellt wurde.

1914 — 1916

DAS ENDE

DER REISE

J ack ist weiterhin zum Schreiben verdammt, denn wegen der hohen Kosten für den Aufbau seiner Farm und der finanziellen Unterstützung, die er seinen Angehörigen zukommen lässt, ist er permanent verschuldet. Er schreibt immer noch seine »1000 Wörter« täglich, unabhängig davon, ob er gerade an einem Roman, einer Erzählung oder einem Zeitungsartikel arbeitet.

Im April 1914 nimmt er einen Auftrag der Zeitschrift *Collier's* an und reist als Kriegsreporter nach Mexiko, um über die Intervention der US-amerikanischen Seestreitkräfte in Veracruz zu berichten.

Jahrzehntelang hatten die Vereinigten Staaten das Regime des Diktators Porfirio Díaz unterstützt, der die zahlreichen US-amerikanischen Investitionen im Land förderte. Als im Jahr 1910 die Revolution ausbricht, kontrollieren die USA große Teile der Erdölförderung, des Bergbaus und des Eisenbahnverkehrs und besitzen mehr als 25 Prozent des mexikanischen Grund und Bodens. Um das Land, in dem nun zahlreiche bewaffnete Revolutionsparteien einander und die Regierung bekämpfen, wieder zu stabilisieren und

←
Jack und Charmian London,
zwischen 1915 und 1916

↑
Jack und Charmian an Bord
der *Kilpatrick*, Veracruz, 1914

eigene Interessen zu wahren, unterstützen die Vereinigten Staaten den 1911 durch freie Wahlen an die Macht gekommenen Francisco Madero. Aber das Land bleibt gespalten, weil Madero erhoffte Reformen nicht durchführt und die Unterstützung der anderen Revolutionäre, darunter Pancho Villa, Emiliano Zapata und Venustiano Carranza, verliert. Als Madero Opfer eines Staatsstreichs und ermordet wird, kommt Victoriano Huerta an die Macht und errichtet im Februar 1913 eine Militärdiktatur. Doch auch mit dem neuen Machthaber halten die Vereinigten Staaten ihre wirtschaftlichen Interessen für nicht ausreichend geschützt. Also versucht Washington mit allen Mitteln, Huerta zu schwächen: Die USA schicken Truppen und Schiffe der Marine an die Grenze zu Mexiko und verhängen ein Waffenembargo.

»Teure, mutige Kameraden der mexikanischen Revolution.«[1]

↑
US-amerikanische Truppen
in Veracruz, 1914
(Foto von Jack London)

↗
Jack London (der Zweite
von rechts) in Begleitung
anderer Kriegsbericht-
erstatter in Veracruz, 1914

Zwei Ereignisse liefern den Vereinigten Staaten schließlich den passenden Vorwand für eine militärische Intervention: der sogenannte Tampico-Zwischenfall, bei dem am 9. April 1914 neun amerikanische Seeleute bei einem Landgang in der mexikanischen Stadt vorübergehend festgenommen werden. Mexikanische Offizielle entschuldigen sich umgehend, doch Präsident Woodrow Wilson entsendet als Reaktion weitere Kriegsschiffe in mexikanische Hoheitsgewässer. Als Wilson außerdem erfährt, dass im strategisch bedeutenderen Hafen von Veracruz eine umfangreiche Lieferung amerikanischer Waffen für die Truppen Huertas mit dem deutschen Dampfschiff *Ypiranga* ankommen soll, befiehlt er am 21. April die Einnahme der Stadt. Dieser sogenannte *Ypiranga*-Vorfall führt umgehend zu antiamerikanischen Kundgebungen in den anderen Städten des Landes und in ganz Lateinamerika. Zahlreiche in Mexiko ansässige US-Amerikaner müssen evakuiert und nach Texas und Louisiana in die dort eingerichteten Flüchtlingslager repatriiert werden.

Zusammen mit den anderen Kriegsberichterstattern und Charmian erreicht Jack London am 27. April 1914 Veracruz an Bord des Truppentransporters *Kilpatrick*. Die wichtigsten militärischen Operationen sind zu diesem Zeitpunkt bereits abgeschlossen. Während seines etwa einmonatigen Aufenthalts schreibt er sieben Artikel, in denen er die militärischen Schritte der US-Streitkräfte und die Auswirkungen des Konflikts auf die Zivilbevölkerung in allen Einzelheiten beschreibt. Außerdem trifft er Kriegsgefangene im Gefängnis San Juan de Ulúa und konstitutionalistische Rebellen in Tampico.

Da Jack seine »teuren, mutigen Kameraden der mexikanischen Revolution« einige Zeit zuvor noch leidenschaftlich unterstützt hat, erwarten seine sozialistischen Freunde jetzt natürlich, dass er die US-amerikanische

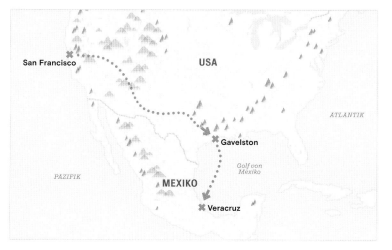

Intervention verurteilt. Aber vor Ort hat Jack sich zu ihrer großen Verwunderung der Meinung der Regierung angeschlossen:
»Die US-amerikanische Besetzung von Veracruz hat zu einer Verbesserung der Gesundheit, der Ordnung und des Handels geführt.
Die Einwohner werden sich noch lange an die Eroberung durch
die US-Amerikaner erinnern und werden voller Hoffnung auf den
glücklichen Tag warten, an dem sie erneut von diesen erobert werden.«[2] Für Jack hat die Revolution bereits zu lange gedauert, und in
seinen Augen können nur die Vereinigten Staaten die Lage beruhi-
gen: »Big Brother kann für Ordnung sorgen und Mexiko organisieren und führen. Die sogenannten Chefs Mexikos sind dazu nicht
in der Lage. Und das Leben und Glück von mehreren Millionen
Bauern stehen heute und in Zukunft auf dem Spiel.«[3]

    Die Schuld gibt er den spanischstämmigen Bewohnern, die-
ser »Klasse, die für die ganzen Probleme verantwortlich ist, die
wie Kinder mit den Waffen der Giganten spielt und das Land in

↖
Charmian London in
Begleitung amerikanischer
Offiziere vor dem Gefängnis
von San Juan de Ulúa,
Veracruz, 1914
(Foto von Jack London)

↑
Mexikanische Gefangene
auf der befestigten Insel
San Juan de Ulúa am Hafen
von Veracruz, 1914
(Foto von Jack London)

Unordnung und Chaos stürzt.«⁴ Er degradiert die mexikanischen
Soldaten häufig zu einfachen Banditen, die »in diesem reichen
und traurigen Land die Löhne der Firmen stehlen, die Haziendas
plündern und sich an allem auf ihrem Weg gütlich tun. Das Ganze
nennen sie dann gern Kriege für die Freiheit, die Gerechtigkeit und
einen fairen Handel!«⁵

    Jack prangert außerdem die missliche Lage der Bauern
an, die häufig gezwungen werden, in die Revolutionsarmee ein-
zutreten: »Der unfreie Soldat kämpft weder für ein Prinzip noch
für eine Belohnung. Was für eine traurige Welt, in der einfältige,
einfache Menschen gezwungen werden zu kämpfen, zu töten und
sich töten zu lassen. Für diese Männer sind alle Armeen gleich
viel wert. Oder besser, für sie hat keine Flagge einen Wert.«⁶ Jack
zeigt Mitgefühl für diese am stärksten benachteiligten Schichten
der mexikanischen Bevölkerung, die ausgebeutet und in einem
Zustand der Armut gehalten werden. Seine Texte lassen allerdings

↑
Mexikanische Gefangene auf
San Juan de Ulúa, Veracruz,
1914 (Foto von Jack London)

auch deutlich einen rassistischen Blick erkennen und spiegeln die Vorurteile vieler Nordamerikaner wider, die das mexikanische Volk für faul, unkultiviert und gewalttätig halten.

Ende Mai erkrankt Jack so schwer an Ruhr, dass er sein Hotelzimmer nicht mehr verlassen kann und gegen den Tod kämpft. Da er entsetzlich geschwächt ist, muss er evakuiert werden und kommt im Juni nach Glen Ellen zurück. Ende Juli bricht in Europa der Erste Weltkrieg aus.

Die US-amerikanischen Streitkräfte verlassen Veracruz erst am 23. November, nachdem eine Vereinbarung zwischen den beiden Ländern getroffen wird, an der Argentinien, Brasilien und Chile als Schlichter beteiligt sind. Der *Ypiranga*-Vorfall hat nicht nur den Sturz Victoriano Huertas beschleunigt, der im Juli zurücktritt, sondern auch die Beziehungen zwischen Washington und Mexiko dauerhaft geschädigt. 1916 kommt es erneut zu einer militärischen Intervention, diesmal auf dem Landweg, um den Revolutionär Pancho Villa und dessen Männer zu jagen. Als Deutschland im darauffolgenden Jahr Mexiko ein Bündnis anbietet und Unterstützung bei der Rückgewinnung ehemaligen Territoriums – Texas, Arizona und New Mexico – in Aussicht stellt, beschließt Präsident Wilson den Eintritt der USA in den Ersten Weltkrieg.

Der Aufenthalt in Veracruz war für Jack entscheidend für sein Verhältnis zur Sozialistischen Partei. Seine ehemaligen Genossen verstehen seine Artikel als Verrat und werfen ihm sogar vor, von den Ölmagnaten für die Verteidigung ihrer Interessen bezahlt worden zu sein. Einige Monate später spitzt sich die Situation weiter zu, als sie ihm auch noch sein Engagement zugunsten einer US-amerikanischen Intervention in Europa ankreiden, die sie selbst nachdrücklich ablehnen. Angesichts der deutschen Gefahr ist für Jack der Eintritt in den Krieg unvermeidbar: »Ich stehe voll und ganz auf der Seite der verbündeten Mächte. Ich halte diesen Krieg für einen Krieg zwischen Barbarei und Zivilisation, zwischen Demokratie und Oligarchie.«[7]

← Mexikanischer Konstitutionalist, Tampico, 1914 (Foto von Jack London)

↗ Jack London in seinem Hotelzimmer, Veracruz, 1914 (Foto von Charmian London)

→ Titelblätter der Ausgaben der Zeitschrift *Collier's*, in denen zwei der Artikel Jack Londons mit detaillierten Beschreibungen der Ereignisse in Veracruz erschienen: *The Red Game of War* (16. Mai 1914) und *Mexico's Army and Ours* (30. Mai 1914)

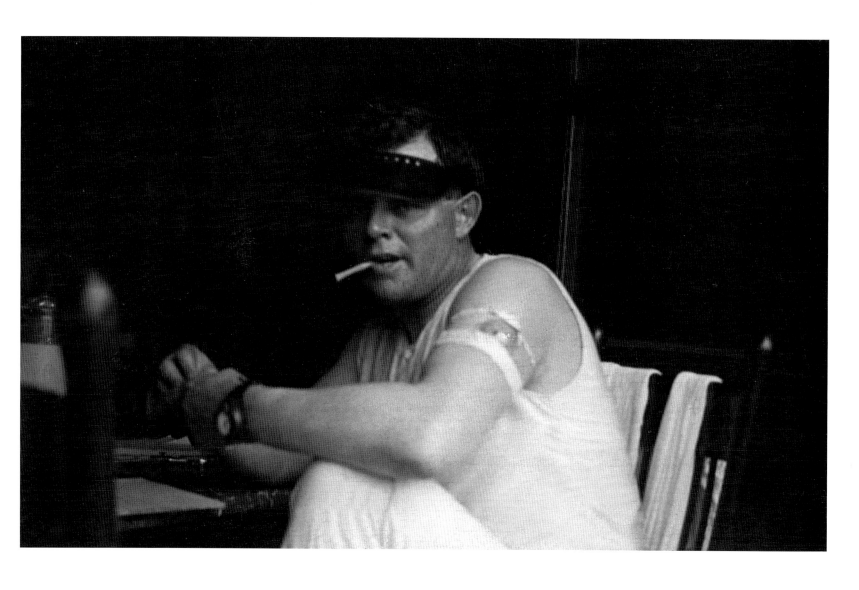

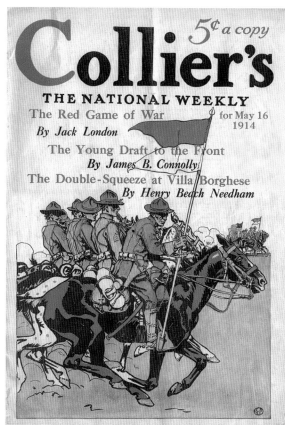

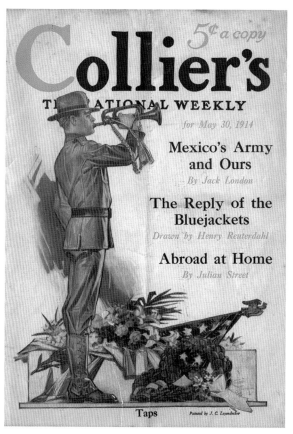

Der Bruch zwischen Jack und den Sozialisten ist nun endgültig. Jack wirft der Partei vor, es fehle ihr an Mut und sie akzeptiere zu viele Kompromisse. Am 7. März 1916 tritt er aus der Sozialistischen Partei aus.

Jacks Stiefschwester Eliza ist immer noch in Glen Ellen, sorgt nach wie vor für einen reibungslosen Ablauf auf der Farm und kümmert sich um Jacks landwirtschaftliche Großprojekte.

Obwohl seine literarische Arbeit und seine zahlreichen Reisen ihn völlig in Beschlag nehmen, ist es Jack in kaum zehn Jahren gelungen, seinen Landbesitz auf 600 Hektar zu erweitern. Er hat zur Bewässerung der Felder einen Staudamm bauen lassen und einen künstlichen See angelegt, in dem er 1500 Welse ausgesetzt hat.

»Ich habe die Sozialistische Partei verlassen, weil es ihr an Schwung und Kampfeslust fehlt.«[8]

↑
Jack und Charmian
(in der ersten Reihe, links)
mit Freunden auf Hawaii,
1915/1916

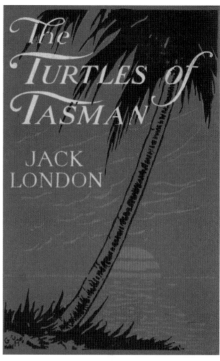

←
Jack London auf Hawaii, 1915/1916.
»In diesen letzten Monaten seines
Lebens hatte Jack zunehmend
das befriedigende Gefühl, auf
dem besten Weg zu sein, das Herz
des hawaiianischen Volkes zu
erobern und es besser zu verstehen – die auf Hawaii geborenen
Angelsachsen, die Menschen mit
gemischten Wurzeln und die
immer liebenswerten, sehr freundlichen Hawaiianer selbst.« [9]
(Charmian London)

↑
Originaleinband des Sammelbandes The Turtles of Tasman
(Die Schildkröten von Tasman,
The Macmillan Co.). Das Buch
erschien im September 1916
und war das letzte Werk Jack
Londons, das zu seinen Lebzeiten
veröffentlicht wurde. Tom, die
Hauptfigur der Erzählung, die
dem Sammelband seinen Titel
gegeben hat, kehrt nach einem
abenteuerreichen Leben auf allen
Erdteilen in sein Land zurück.
Tom ist ein großzügiger Mann,
der alle Menschen in seiner Umgebung fasziniert. Als er stirbt,
sagt einer seiner Freunde über
ihn: »Er war ein echter Mann!« [10]
Aber spricht Jack hier noch
über seine Figur – oder meint
er sich selbst? Als hätte er eine
Vorahnung gehabt, trägt die letzte
Erzählung des Sammelbandes
den Titel: The End of the Story
(Das Ende der Geschichte).

Außerdem züchtet er Angoraziegen und Jersey-Stiere. Beim Wein-, Getreide- und Obstanbau verzichtet er bewusst auf industriell hergestellte Düngemittel und studiert alte chinesische Anbaumethoden. Außerdem hat er einen hochmodernen Schweinestall bauen lassen, den die Nachbarn in der Region »Pig Palace« (Schweinepalast) getauft haben.

Jacks Gesundheitszustand hingegen verschlechtert sich zunehmend, und er leidet häufig an Nierenentzündungen und Nierensteinen. Anfang 1915 beschließen Charmian und er, sich auf Hawaii zu erholen. Nach einem Besuch der Weltausstellung in San Francisco, die im Zeichen des Wiederaufbaus der Stadt nach dem Erdbeben von 1906 und der Inbetriebnahme des Panamakanals 1914 stand, gehen sie am 24. Februar 1915 an Bord des Dampfschiffs *Matsonia*.

↖
Jack und Charmian auf Hawaii, 1915/1916. »Es waren glückliche Stunden. Wir lagen ausgestreckt im schattigen Sand zwischen urtümlich schwarz und gelb bemalten Kanus, lasen uns gegenseitig laut vor, hielten Mittagsschlaf oder redeten mit unseren Freunden. Später am Tag schwammen wir durch die Brandung und verbrachten dort im tieferen Wasser einige der wunderbarsten Momente unseres gemeinsamen Lebens.« [11] (Charmian London)

↑
Junge Surfer auf Hawaii. Jack war seit seiner Reise mit der *Snark* von diesem Sport begeistert: »Aber morgen! Oh! Morgen werde ich in diesem wunderbaren Wasser sein und es wird mir gelingen, aufrecht auf meinem Brett zu stehen. … Und wenn ich scheitere, werde ich es übermorgen oder an einem anderen Tag wieder versuchen. Ich habe beschlossen, dass die *Snark* Honolulu nicht verlassen wird, bevor ich nicht mit Flügeln an meinen Füßen genauso schnell dahinfliege wie das Meer und ein von der Sonne verbrannter Merkur werde!« [12]

Ihr Ziel ist Honolulu, das sie zuletzt während ihrer Reise mit der *Snark* besucht hatten.

Die fünf Monate auf der Insel verbringen sie mit Schreiben, Badeausflügen, Ruhepausen und lautem Vorlesen am Strand. Ende 1915 kehren sie erneut dorthin zurück, dieses Mal für sieben Monate. Sie fühlen sich auf Hawaii zu Hause und verbringen dort die vermutlich glücklichsten Stunden ihres Lebens. Sie denken sogar darüber nach, ihren Wohnsitz auf die Inselgruppe zu verlegen. Jack verbringt viele Stunden damit, die Surfer zu beobachten. Für ihn ist es ein »königlicher Sport für die natürlichen Herrscher der Erde«. Man nennt ihn jetzt *kama'aina*: jemand, der nicht auf den Inseln geboren ist, den die Hawaiianer aber als einen der ihren betrachten.

»Statt ›Neapel sehen und sterben‹ sagt man hier: ›Hawaii sehen und leben‹.« [13]

↑
Jack und Charmian
auf Hawaii, 1915/1916

←
Jack London in seinem Arbeitszimmer, Hawaii, 1915. »Durch die immer wiederkehrenden Besuche, einschließlich der achtzehn Monate, die er während seiner beiden letzten Lebensjahre auf den Inseln verbrachte, durch fehlendes Verständnis in den Anfängen und ein liebevolles Verstehen am Schluss haben Jack und Hawaii zueinandergefunden. Die Zuneigung in seinem Herzen zu diesem Aloha-Land, dem ›Land der Liebe‹, wie Jack es nannte, wurde beständig größer, bis er sich schließlich den so heiß ersehnten Namen ›kamaaina‹ verdient hatte, was so viel bedeutet wie ›einer von uns‹ und sogar mehr.«[14] (Charmian London)

↓
My Hawaiian Aloha, im September und Oktober 1916 in zwei Teilen in der *Cosmopolitan* erschienener Artikel: »Manchmal lässt einen die Liebe zu Hawaii sprachlos zurück, genau wie die Liebe zu einer Frau. So, wie man nicht im Voraus sagen kann, ob man diese oder jene Frau lieben wird, kann man nicht sagen, dass man Hawaii lieben wird. Man entdeckt, dass man es liebt oder dass man es nicht liebt. Mit Hawaii scheint es immer die Liebe auf den ersten Blick zu sein.«[15]

Jack London 39

My Hawaiian Aloha

By Jack London

EDITOR'S NOTE — This is the second of Mr. London's articles on our delightful territorial possession — Hawaii. The first appeared in the September issue.

HAWAII is the home of shanghaied men and women, and of the descendants of shanghaied men and women. They never intended to be here at all. Very rarely, since the first whites came, has one, with the deliberate plan of coming to re-

main, remained. Somehow, the love of the Islands, like the love of a woman, just happens. One cannot determine in advance to love a particular woman, nor can one so determine to love Hawaii. One sees, and one loves or does not love. With Hawaii, it seems always to be love at first sight. Those for whom the Islands were made, or who were made for the Islands, are swept off their feet in the first moments of meeting, embrace, and are embraced.

I remember a dear friend who resolved to come to Hawaii and make it his home forever. He packed up his wife, all his belongings, including his garden hose and rake and hoe, said,

Good-by, proud California!" and departed. Now he was a poet, with an eye and soul for beauty, and it was only to be expected that he would lose his heart to Hawaii as Mark Twain and Stevenson and Stoddard had before him. So he came, with his wife and garden hose and rake and hoe. Heaven alone knows what preconceptions he must have entertained. But the fact remains that he found naught of beauty and charm and delight. His stay in Hawaii, brief as it was, was a hideous nightmare. In no time, he was (Continued on page 132)

Ditch-trail on a Hawaiian mountainside

Hawaiian girl playing the *ukulele*—a native guitar which has become popular in this country

Waterfall in the Kohala Mountains, Hawaii

Daughters of Hawaii

38

»Kein Wort störte die Stille. Kein Gebet, da Jack London zu keinem Gott betete, sondern Menschlichkeit predigte. Die Männer standen mit unbedecktem Haupt ehrerbietig zwischen den Bäumen, und als der Älteste von ihnen sich aufrichtete, wurde der Stein auf das Grab gerollt.«[16] (Charmian London).

Im Sommer 1916 vertieft Jack sich in die Schriften der aufkommenden Psychoanalyse. Diese noch junge Wissenschaft, die erst 20 Jahre zuvor durch Sigmund Freud begründet worden war, führte 1908 zur Gründung der Wiener Psychoanalytischen Vereinigung. Jack ist vor allem von Carl Gustav Jung fasziniert, dessen Praxis bei Zürich zahlreiche wohlhabende Patienten aus den USA aufsuchen und der auch jenseits des Atlantiks hohes Ansehen genießt. Jung, der in Jacks Alter ist, befasst sich vor allem mit dem Schaffensprozess bei Künstlern, ob sie nun Schriftsteller oder Musiker sind. Jungs Abhandlung *Über die Psychologie des Unbewussten* beeindruckt Jack nachhaltig. Sie lässt ihn seinen persönlichen Lebensweg aus einem neuen Blickwinkel betrachten und versetzt ihn in die Lage, die Beweggründe seines innersten Wesens zu verstehen. »Ich befinde mich am Rand einer Welt, die so neu, so schrecklich und so wunderbar ist«, gesteht er Charmian, »dass ich fast Angst habe, sie zu betrachten.«[17]

Als sie Ende Juli 1916 nach Kalifornien zurückkehren, hat Jack heftige Schmerzen, weil seine Nieren nicht mehr richtig arbeiten. Er ist erst 40 Jahre alt, hat aber stark an Gewicht zugenommen und kann weder auf ein Pferd steigen noch schwimmen gehen. Da er sämtliche Zähne im Oberkiefer verloren hat, muss er ein Gebiss tragen. Er leidet an Magenkrämpfen, Rheumaschüben und häufigen Stimmungsschwankungen und wird immer schwieriger im Umgang.

Jack London stirbt am 22. November 1916 auf seiner Farm im Sonoma Valley an Nierenversagen.

Vier Tage später wird seine Asche im Beisein Charmians, seiner Halbschwester Eliza und einiger Freunde seinem Wunsch entsprechend unter einem Stein des »Wolfshauses« begraben.

↓
Originaleinband von *Our Hawaii* (*Unser Hawaii*, The Macmillan Co., 1917), von Charmian London verfasst und nach Jacks Tod als Zeugnis ihrer Beziehung zu dieser Inselgruppe veröffentlicht

Our Hawaii
By Charmian Kittredge London
(Mrs. Jack London)

←
Jack und Charmian London
mit ihrem Hund Possum
wenige Tage vor Jacks Tod,
Glen Ellen, November 1916

→
Jack London, wenige Tage
vor seinem Tod, November
1916. »Irgendetwas in
seinem Gesicht verursachte
mir schlaflose Nächten
und ließ seine Freunde
fragen: ›Was ist los mit
Jack? Es scheint ihm gut
zu gehen, aber irgendetwas
stimmt nicht mit ihm ...
es sind seine Augen ...‹« [18]
(Charmian London)

→
Jack London im »Pig Palace«,
November 1916. Fotogramm
aus dem Film, der sechs Tage
vor seinem Tod von einem
Filmteam der Firma Pathé
Frères auf der Farm ge-
dreht wurde. »Der von Jack
gebaute ›Schweinestall‹ ...
wurde auf der ganzen Welt
berühmt und zwar nicht nur
bei Landwirten, sondern auch
bei neugierigen Laien. Er ist
kreisförmig und ganz aus
Steinen und Zement errichtet,
mit einem Kiesweg, der einen
eleganten Turm umgibt, in
dem das Futter gemischt
und dann an die einzelnen
›Appartements‹ verteilt
wird.« [19] (Charmian London)

↓
Folgende Doppelseite:
Charmian London auf der
Veranda des Cottages in Glen
Ellen, im Jahr nach Jacks
Tod. Charmian verwandte
gemeinsam mit Eliza viel Zeit
darauf, den Betrieb der Farm
aufrechtzuerhalten. Sie schrieb
außerdem eine zweibändige
Biografie ihres Mannes, *The
Book of Jack London*, und
wachte ihr ganzes Leben
lang darüber, die Erinnerung
an ihn zu wahren, indem sie
die Neuerscheinungen und
Verfilmungen seiner Werke
überwachte. Charmian London
starb am 15. Juni 1955, fast
40 Jahre nach Jacks Tod.
Ihre Asche wurde auf ihren
Wunsch hin neben der seinen
im Sonoma Valley bestattet.

An Jack London

Titelblatt der Sonderausgabe der *Overland Monthly*, die von der ersten bis zur letzten Seite Jack London gewidmet ist, erschienen im Mai 1917. Auf den ersten Seiten findet sich ein Gedicht von George Sterling – eine Hommage an seinen immerwährenden Freund mit dem Titel *An Jack London*:[20]

Oh, gab es je ein Gesicht
  unter all diesen Toten,
Auf dem, zu spät jedoch, die
  Lebenden nicht lesen konnten
Eine stumme Bitte um Liebe,
  die ohne Antwort blieb,
Einen stummen Vorwurf wegen
  unbedachter Worte oder Taten?

Und nun, mein teurer Freund,
  blicken wir auf das deine,
Dem wir kein letztes Lebewohl
  zurufen konnten,
Auf das sich ohne ein Flüstern
  oder Zeichen
Die tiefe, unergründliche
  Finsternis gesenkt hat.

Oh! So weit fort von uns,
  wer könnte sagen, wo?
So schnell in diese düstere
  Ewigkeit entschwunden,
Uns bleiben nur die Stille
  oder Worte, die
Für den Kummer sind, was
  die Gischt ist für das Meer.

Furchtloses Herz, das so
  geduldig war!

Ruheloser Geist, so hungrig
  nach Wahrheit!
Jetzt hast du Ruhe, du Sanfter
  und Starker,
Gestorben wie ein edler Löwe
  in seiner Jugend!

Lebe wohl! Auch wenn du nichts
  kennst, allein dort.
Lebe wohl! Auch wenn du nicht
  hörst in unserem Weinen
Die Liebe, die wir dir gegeben,
  hätten wir gewusst.
Ah! Eine Seele wie die deine,
  wie sollte sie vergehen?

ANMERKUNGEN

VORWORT

1. *Jack London by himself*, New York, The Macmillan Co., 1913.
2. Russ Kingman, *Jack London*, Paris, L'Instant, 1987, S. 274 (Russ Kingman, *A Pictorial Life of Jack London*, New York, Crown Publishers, Inc., 1979).
3. Arnold Genthe, zitiert von Jeanne Campbell Reesman und Sara S. Hodson, *Jack London photographe*, Paris, Phébus, 2011, S. 32 (*Jack London, Photographer*, Athens, University of Georgia Press, 2010).

IN DER BUCHT VON SAN FRANCISCO

1. *Was mir das Leben bedeutet*, in *Was mir das Leben bedeutet. Essays und Erzählungen*, Karin Kramer Verlag, Berlin, 1978, S. 65 (*What Life Means To Me*, in *Cosmopolitan Magazine*, März 1906).
2. *König Alkohol*, dtv, 2014, München, 1996, S. 32 (*John Barleycorn*, New York, The Century Co., 1913).
3. *Small-Boat Sailing*, in *Yachting Monthly*, August 1912.
4. *König Alkohol*, wie Anm. 2, S. 46.
5. *Was mir das Leben bedeutet*, wie Anm. 1, S. 66.
6. *König Alkohol*, wie Anm. 2, S. 47.
7. Russ Kingman, *A Pictorial Life of Jack London*, New York, Crown Publishers, Inc., 1979.
8. *König Alkohol*, wie Anm. 2, S. 36.
9. Ebd., S. 65.
10. *That Dead Men Rise Up Never*, http://www.jacklondons.net/dead_men_rise_never.html.
11. *Ein Taifun vor der japanischen Küste*, in *Das Feuer im Schnee*, dtv, München, 1977, S. 145–146 (*Story of a Typhoon Off the Coast of Japan*, in *The San Francisco Morning Call*, 12. November 1893).

IM ANGESICHT DES ENTFESSELTEN KAPITALISMUS

1. *Revolution*, http://london.sonoma.edu/writings/Revolution/revolution.html, (*Revolution*, New York, The Macmillan Co., 1910).
2. *Abenteurer des Schienenstranges*, dtv, München, 1973, S. 89 (*The Road*, New York, The Macmillan Co., 1907).
3. Ebd., S. 35.
4. Ebd., S. 103–104.
5. Ebd., S. 69.
6. *Was mir das Leben bedeutet*, in *Was mir das Leben bedeutet*, Essays und Erzählungen, Karin Kramer Verlag, Berlin, 1978, S. 69 (*What Life Means To Me*, in *Cosmopolitan Magazine*, März 1906).
7. *Wie ich Sozialist wurde*, http://goobiweb.bbf.dipf.de/viewer/image/ZDB027052486_0017/28/#topDoc Anchor (*How I Became a Socialist*, in *The Comrade*, März 1903).
8. *Was mir das Leben bedeutet*, wie Anm. 6, S. 71.
9. *What Life Means To Me*, http://www.jacklondons.net/whatlifemeanstome.html.
10. *Die Zwangsjacke*, axel dielmann Verlag, 2003, S. 359 (*The Star Rover*, New York, The Macmillan Co., 1915).
11. *Revolution*, wie Anm. 1.
12. Russ Kingman, *Jack London*, Paris, L'Instant, 1987, S. 52 (Russ Kingman, *A Pictorial Life of Jack London*, New York, Crown Publishers, Inc., 1979).
13. Ebd., S. 56.
14. *König Alkohol*, dtv, München, 1996, S. 174 (*John Barleycorn*, New York, The Century Co., 1913).
15. Ebd., S. 165.
16. *Wie ich Sozialist wurde*, wie Anm. 7, S. 24.
17. Ebd.
18. Ebd.

ABENTEUER IM HOHEN NORDEN

1. *Alaska-Kid*, Loewe, 1991, S. 54 (*Smoke Bellew*, New York, The Century Co., 1912).
2. *An der weißen Grenze*, Südwest Verlag, 1977, S. 13 (*A Daughter of the Snows*, New York, J. B. Lippincott Co., 1902).
3. *Jack London: By himself*, http://www.jacklondons.net/london_by_london.html.
4. Russ Kingman, *Jack London*, Paris, L'Instant, 1987, S. 68 (Russ Kingman, *A Pictorial Life of Jack London*, New York, Crown Publishers, Inc., 1979).
5. *Das weiße Schweigen*, in *Meistererzählungen*, dtv, München, 1993, S. 277 (*The White Silence*, in *The Son of the Wolf*, Boston, Houghton, Mifflin Co., 1900).
6. Russ Kingman, *Jack London*, wie Anm. 4, S. 67.
7. Charmian London, *The Book of Jack London*, New York, The Century Co., 1921, S. 238.
8. *Martin Eden*, Georg Olms Verlag, 2 Bände, Hildesheim, 2008, S. 107 (*Martin Eden*, New York, The Macmillan Co., 1909).
9. Russ Kingman, *A Pictorial Life of Jack London*, wie Anm. 4.
10. *Martin Eden*, wie Anm. 8, Bd. 1, S. 114.
11. Ebd., Bd. 1, S. 158.
12. Ebd.

BERÜHMTER SCHRIFTSTELLER

1. *Menschen der Tiefe*, Verlag Tribüne, Berlin, 1960, S. 14 (*The People of the Abyss*, New York, The Macmillan Co., 1903).
2. Ebd., S. 176.
3. Ebd., S. 184–185.
4. Ebd., S. 9.
5. Russ Kingman, *Jack London*, Paris, L'Instant, 1987, S. 89–90 (Russ Kingman, *A Pictorial Life of Jack London*, New York, Crown Publishers, Inc., 1979).
6. *Der Ruf der Wildnis*, Büchergilde Gutenberg, Frankfurt a. M., 1976, S. 97 (*The Call of the Wild*, New York, The Macmillan Co., 1903).
7. *Martin Eden*, Georg Olms Verlag, 2 Bände, Hildesheim, 2008, Bd. 2, S. 219 (*Martin Eden*, New York, The Macmillan Co., 1909).

KRIEGSBERICHT- ERSTATTER

1. *Japan's Invasion of Korea, As Seen by Jack London*, in *The San Francisco Examiner*, 4. März 1904, https://the-grandarchive.wordpress.com/japans-invasion-of-korea-as-seen-by-jack-london/ (März 2016).
2. Russ Kingman, *Jack London*, Paris, L'Instant, 1987, S. 129 (Russ Kingman, *A Pictorial Life of Jack London*, New York, Crown Publishers, Inc., 1979).
3. *Japanese Officers Consider Everything a Military Secret*, in *The San Francisco Examiner*, 19. Juni 1904, https://thegrandarchive.wordpress.com/japanese-officers-consider-everything-a-military-secret/.

DAS MONDTAL

1. *Das Mondtal*, Südwest Verlag, München, 1976, S. 65 (*The Valley of the Moon*, New York, The Macmillan Co., 1913).
2. Ebd., S. 236.
3. Brief Jack Londons an George Brett, 5. Dezember 1904, in *The Letters of Jack London*, Vol. 1: 1896–1905, Stanford University Press, 1988, S. 454.
4. Charmian London, *The Book of Jack London*, New York, The Century Co., 1921, S. 102.
5. Grußformel, mit der Jack London viele seiner Briefe abgeschlossen hat.
6. Russ Kingman, *Jack London*, Paris, L'Instant, 1987, S. 135 (Russ Kingman, *A Pictorial Life of Jack London*, New York, Crown Publishers, Inc., 1979).
7. Ebd.
8. Ebd.
9. Buchbesprechung von *Der Dschungel*, in *The Wilshire Magazine*, August 1906.
10. *The Strength of the Strong*, New York, The Macmillan Co., 1914, http://gutenberg.spiegel.de/buch/the-strength-of-the-strong-2997/2.

UND DIE ERDE BEBTE …

1. *The Story of an Eye-Witness*, in *Collier's*, 5. Mai 1906.
2. Ebd.

REISE ÜBER DEN PAZIFIK

1. *The Cruise of the Snark*, http://www.jacklondons.net/writings/CruiseOfTheSnark/snark5.html.
2. *Die Fahrt der Snark*, Ullstein Verlag, Frankfurt a. M., 1987, S. 32 (*The Cruise of the Snark*, New York, The Macmillan Co., 1911).
3. Wie Anm. 1.
4. *Die Fahrt der Snark*, wie Anm. 2, S. 77.
5. Ebd.
6. *Martin Eden*, Georg Olms Verlag, 2 Bände, Hildesheim, 2008, Bd. 2, S. 37 (*Martin Eden*, New York, The Macmillan Co., 1909).
7. *Die Fahrt der Snark*, wie Anm. 2, S. 32.
8. *The Cruise of the Snark*, wie Anm. 1.
9. Charmian London, *Journal de bord du Snark*, Paris, Hachette, 1938, S. 112 (*The Log of the Snark*, New York, The Macmillan Co., 1915).
10. *Die Fahrt der Snark*, wie Anm. 2, S. 109.
11. Charmian London, *Journal de bord du Snark*, wie Anm. 9, S. 117.
12. *Die Fahrt der Snark*, wie Anm. 2, S. 115.
13. Zitiert von Charmian London, *The Log of the Snark*, wie Anm. 9.

DIE »SCHWARZEN« INSELN

1. *The Cruise of the Snark*, Kap. 3, http://www.jacklondons.net/writings/CruiseOfTheSnark/snark3.html.
2. Ebd., Kap. 16.
3. Charmian London, *Journal de bord du Snark*, Paris, Hachette, 1938, S. 177 (*The Log of the Snark*, New York, The Macmillan Co., 1915).
4. Ebd., S. 181.
5. *The Cruise of the Snark*, wie Anm. 1, Kap. 15.
6. Ebd.
7. Brief Jack Londons an George Sterling, 31. Oktober 1908, in: *The Letters of Jack London*, Vol. 2: 1906–1912, Stanford University Press, 1988, S. 770.
8. *The Cruise of the Snark*, wie Anm. 1, Kap. 17.
9. Ebd.
10. Charmian London, *Journal de bord du Snark*, wie Anm. 3, S. 11.

RÜCKKEHR NACH KALIFORNIEN

1. *Jack London by himself*, New York, The Macmillan Co., 1913.
2. Jack London, zitiert von Charmian London in *The Book of Jack London*, New York, The Century Co., 1921, S. 266.
3. Ebd., S. 189.
4. *Crowning Fight of Ring's History, says Jack London*, in *New York Herald*, 2. Juli 1910.
5. *Ape and Tiger in U.S. Demand Fight, says Jack London*, in *The New York Herald*, 29. Juni 1910.
6. *Jack London Says Reno Crowds Eagerly Await Big Fight Because of »Old Red Blood of Adam That Will Not Down«*, in *New York Herald*, 24. Juni 1910.
7. Ebd.
8. *Negro, Never in Doubt, Fear or Trouble, Played All the Time, says Jack London*, in *New York Herald*, 5. Juli 1910.
9. *Small-Boat Sailing*, in

Yachting Monthly, August 1912.
10. Charmian London,
The Book of Jack London,
wie Anm. 2, 1921, S. 198.
11. *Small-Boat Sailing*, wie
Anm. 9.
12. Jack London, zitiert von
Charmian London in *The Book
of Jack London*, wie Anm. 2,
S. 267.
13. Ebd., S. 102.
14. Ebd., S. 199.
15. *Navigating Four Horses
North of the Bay*, in *Sunset
Magazine*, September 1912.
16. Ebd.
17. Jack London zu einem
Journalisten aus Sacramento,
zitiert von Charmian London in
The Book of Jack London, wie
Anm. 2, S. 200.
18. Ebd.
19. *Navigating Four Horses
North of the Bay*, wie Anm. 15.
20. Charmian London, *The
Book of Jack London*, wie
Anm. 2, S. 212.

DIE DÜSTEREN STUNDEN

1. Charmian London, *The Book
of Jack London*, New York,
The Century Co., 1921, S. 240 f.
2. Ebd., S. 240.
3. *The Mutiny of the Elsinore*
(New York, The Macmillan Co.,
1914), http://www.jacklondons.
net/writings/Elsinore/
chapter50.html.
4. Charmian London, *The Book
of Jack London*, wie Anm. 1,
S. 240.
5. Jack London zu Charmian
London, zitiert in Charmian
London, *The Book of Jack
London*, wie Anm. 1, S. 266.
6. Ebd., S. 268.
7. Brief an Geddes Smith,
31. Oktober 1916, in *The Letters of Jack London*, Vol. 3:
1913–1916, Stanford University
Press, 1988, S. 1600 f.
8. Charmian London, *The Book
of Jack London*, wie Anm. 1,
S. 276.
9. Jack London zitiert von
Charmian London in ebd.,
S. 267.
10. Brief an Cordie Webb
Ingram, 9. April 1913, in
The Letters of Jack London,
wie Anm. 7.
11. Brief an Bessie London,
8. Januar 1911, in *The Letters
of Jack London*, Vol. 2: 1906–
1912, Stanford University Press,
1988, S. 970.
12. Brief an Joan London,
24. Februar 1914, in *The
Letters of Jack London*, wie
Anm. 7, S. 1299.

13. Brief an Roland Phillips,
27. Februar 1913, in ebd.,
S. 1128.
14. *König Alkohol*, dtv, 2014,
München, 1996, S. 246
(*John Barleycorn*, New York,
The Century Co., 1913).
15. Telegramm an Reverend
W. H. Geystweit, 6. Oktober
1916, in *The Letters of Jack
London*, wie Anm. 7, S. 1583.
16. *König Alkohol*, wie Anm. 14,
S. 225.
17. Ebd.
18. Jack London zitiert von
Charmian London in *The Book
of Jack London*, wie Anm. 1,
S. 262.
19. Ebd., S. 261.
20. Ebd., S. 255.

JACK LONDON IM KINO

1. *Jack London – Picture
Writer*, in *Moving Picture
World*, 31. Januar 1914.
2. Ebd.
3. Charmian London, *The Book
of Jack London*, New York,
The Century Co., 1921, S. 260.
4. Tony Williams, *Jack London.
The Movies*, Los Angeles,
Davis Redjl, 1992.
5. *Motion Picture News*,
8. November 1913.
6. *Jack London – Picture
Writer*, wie Anm. 1.
7. Charmian London, *The Book
of Jack London*, wie Anm. 3,
S. 253.
8. Jack London zitiert von
Charmian London, in *The Book
of Jack London*, wie Anm. 3,
S. 253–254.
9. *When Jack London was
amazed*, in *Motion Picture
News*, 6. Dezember 1913.
10. Brief von Frank A. Garbutt
an Jack London, 28. Dezember 1914, in *The Letters of
Jack London*, Vol. 3: 1913–1916,
Stanford University Press,
1988, S. 1403.
11. Brief an Frank A. Garbutt,
4. Mai 1915, in ebd., S. 1458.
12. *Jack London – Picture
Writer*, wie Anm. 1.
13. Ebd.
14. Brief an Frank A. Garbutt,
21. September 1914, in
The Letters of Jack London,
wie Anm. 10, S. 1373.
15. Ebd.
16. *When Jack London was
amazed*, wie Anm. 9.
17. Brief an Frank A. Garbutt,
26. Dezember 1914, in
The Letters of Jack London,
wie Anm. 10, S. 1402.
18. *Pennsylvania and Ohio
Censors attack »John

Barleycorn« Film, in *Motion
Picture News*, 1. August 1914.
19. *Motography*, 11. Juli 1914.
20. *Pennsylvania and Ohio
Censors attack »John Barleycorn« Film*, wie Anm. 18.
21. Quelle AFI (American Film
Institute).

DAS ENDE DER REISE

1. Offener Brief Jack Londons an die mexikanischen
Revolutionäre, erschienen
im *Los Angeles Citizen* vom
11. Februar 1911.
2. Jack London, *Mexico's
Army and Ours*, in *Collier's*,
30. Mai 1914.
3. Ebd.
4. Jack London, *The
Trouble Makers of Mexico*,
in *Collier's*, 13. Juni 1914.
5. Ebd.
6. Jack London, *Mexico's Army
and Ours*, wie Anm. 2.
7. Brief an John M. Wright,
7. September 1915, in *The
Letters of Jack London*, Vol. 3:
1913–1916, Stanford University
Press, 1988, S. 1498.
8. Jack London in einem Brief
an die Mitglieder des Ortsver-
bandes Glen Ellen der Sozialistischen Partei, 7. März 1916,
in Ebd., S. 1498.
9. Charmian London, *Our
Hawaii*, New York, The Macmillan Co., 1917, S. 318.
10. Jack London, *Les Tortues
de Tasmanie*, Paris, Phébus,
2010, S. 56 (*The Turtles of
Tasman*, The Macmillan Co.,
1916).
11. Charmian London,
The Book of Jack London,
New York, The Century Co.,
1921, S. 311.
12. *Die Fahrt der Snark* (*The
Cruise of the Snark*, New
York, The Macmillan Co., 1911),
http://www.jacklondons.net/
writings/CruiseOfTheSnark/
snark6.html.
13. Jack London, *My Hawaiian
Aloha*, in *Cosmopolitan*,
Oktober 1916.
14. Charmian London, *Our
Hawaii*, wie Anm. 9, 1917, S. IX.
15. Jack London, *My Hawaiian
Aloha*, in *Cosmopolitan*,
September 1916.
16. Charmian London, *The
Book of Jack London*, wie
Anm. 11, S. 396.
17. Jack London zitiert von
Charmian London in *The Book
of Jack London*, wie Anm. 11,
S. 323.
18. Ebd., S. 276 f.
19. Charmian London, *Our
Hawaii*, wie Anm. 9, S. 342.

20. George Sterling,
To Jack London, in *Overland
Monthly*, Mai 1917. http://
www.george-sterling.org/
poems/To+Jack+London.

DIE AUTOREN

Michel Viotte hat etwa 40 Dokumentarfilme gedreht, viele davon in Zusammenarbeit mit Arte und France Télévisions. Seine Filme, die in verschiedenen Weltregionen spielen (Afrika, Grönland, Kanada, USA, Zentralamerika, Australien, Neuseeland, Polynesien), beschäftigen sich vor allem mit Abenteuern, Entdeckungen, Geschichte und künstlerischem Schaffen. Viotte ist Autor von *La Guerre d'Hollywood* (Éditions de La Martinière, Paris 2013).

Filmografie:
Jack London, une aventure américaine, 2016
Frank Sinatra, ou l'Âge d'or de l'Amérique, 2015
La Guerre d'Hollywood: Unis sous le drapeau –
Face aux dictatures – Sur tous les fronts, 2013
La Route du Western, du Montana au Rio Grande, 2012
Maori, 2011
Histoires de jouets (mit Pascal Pinteau), 2010
La Route du blues: De Chicago à Memphis –
De Memphis à La Nouvelle-Orléans, 2010
Jean Malaurie, une passion arctique, 2010
Les Juments de la nuit, récit d'une création, 2010
Avignon, cour d'honneur et champs de bataille
(mit Bernard Faivre d'Arcier), 2006
Les Autres Hommes, 2006
Albert Richter, le champion qui a dit non, 2005
Louons maintenant les grands hommes, 2004
Gérard Philipe, un homme, pas un ange
(mit Gérard Bonal), 2003
Caméras sauvages, 2003
Le Dernier Safari, 2003
Le Secret des Navajos, 2002
De Superman à Spider-Man: l'aventure des
super-héros, 2001
Jean Gabin, gueule d'amour, 2001
Le Temps de Lumière, 2000
Les Amants de l'aventure (mit Michel Le Bris), 1999
Au pays des totems, 1999
Jay-Jay Johanson, 1999
René Goscinny, profession humoriste, 1998
Ben Harper & the Innocent Criminals, 1997
À l'abordage!, 1997
Tortuga, l'île des flibustiers, 1997
Les Anges noirs de l'utopie (mit Michel Le Bris), 1997
Jack Kerouac, un rêve américain au temps d'Hiroshima
(mit Éric Sarner), 1996
Per Jakez Hélias, le conteur des merveilles
(mit Michel Le Bris), 1996
Jack London, l'enfant secret du rêve californien
(mit Michel Le Bris), 1995
La Mémoire des terres, 1994

Noël Mauberret ist Jack-London-Experte und Herausgeber der bei Phébus (Paris) erschienenen Jack-London-Kollektion. Er hat selbst mehrere Werke Londons übersetzt und war von 2012 bis 2014 Vorsitzender der Jack London Society.

BIBLIOGRAFIE

AUF DEUTSCH VERÖFFENTLICHTE WERKE JACK LONDONS

Menschen der Tiefe, Verlag Tribüne 1960
Abenteurer des Schienenstrangs, dtv 1973
An der weißen Grenze, dtv 1973
Das Mondtal, Südwest Verlag 1976
Das Feuer im Schnee – Reiseerzählungen, dtv 1977
Die Scharlachpest, Büchergilde Gutenberg 1977
Michael, der Bruder Jerrys, dtv 1979
Die Insel Berande, Südwest Verlag 1981
Jerry der Insulaner, Südwest Verlag 1981
Das Mordbüro, Kiepenheuer und Witsch 1983
Die eiserne Ferse, Ullstein Verlag 1984
Die Herrin des großen Hauses, dtv 1985
Der Wolf von Wallstreet, Ullstein Verlag 1986
Die Fahrt der Snark, Ullstein Verlag 1987
Die Meuterei auf der Elsinore, Ullstein Verlag 1987
Vor Adams Zeiten, Kipenheuer & Witsch 1988
Alaska-Kid, Loewe 1991
Frisco Kid, Xenos 1996
Die Zwangsjacke, axel dielmann Verlag 2003
Ein Sohn der Sonne und andere Südseegeschichten, Langen-Müller 2003
Der Ruf der Wildnis, dtv 2013
Wolfsblut, dtv 2013
Der Seewolf, dtv 2014
König Alkohol, dtv 2014
Lockruf des Goldes, dtv 2015
Martin Eden, dtv 2016

COMIC-ADAPTATIONEN VON WERKEN JACK LONDONS

Der Seewolf, Splitter-Verlag 2013
Martin Eden, erscheint 2017 bei Knesebeck

DANK

Alain Wieder, Jeanne Campbell Reesman,
Sara S. Hodson, Carol Dodge, Joe Lawrence,
Rudy Cuica, Alain Sprauel

BILDNACHWEIS

unten: u, oben: o, links: l, rechts: r, Mitte: m

© **Academy of Motion Pictures Arts and Sciences:** S. 212, 216l, 218, 220, 220-221, 221, 222, 223, 224, 225o, 226, 227, 228o, 229, 230, 231.
© **Collection Michel Viotte:** S. 12, 28l, 36r, 52-53, 106, 107u, 108-109, 117u, 124, 125, 150, 151, 158l, 164u, 167ur, 204o, 219l, 232, 241u, 246u, 247, 249u.
© **Courtesy of California State Parks, 2016:** Buchvorderseite (Hintergrund), S. 6, 10-11, 64-65, 66, 68o, 77u, 79u, 80u, 80-81, 81u, 82, 83, 84-85, 86u, 91o, 93, 94r, 95, 100, 101u, 111, 112-113, 114-115, 116o, 117o, 122, 126, 127m, 128-129, 129u, 130-131, 132-133, 135u, 141, 142-143, 146-147, 148o, 149, 153, 154-155, 156-157, 158r, 159, 160-161, 160u, 162, 164-165, 166ur, 168-169, 170-171, 174, 175, 176, 177u, 180, 181, 183ul, 184, 186, 187o, 190, 193, 196o, 197, 198u, 200, 201o, 210-211, 213, 214, 215, 235, 236, 238, 239, 241o, 245, Buchrückseite (ol).
© **Courtesy of Jack London Papers, The Huntington Library, San Marino, California:** Buchvorderseite (m), S. 8, 9, 14, 15u, 16, 17l, 17r, 22, 26, 30, 33, 40, 48u, 57l, 58, 59, 61, 62, 63, 64u, 65u, 68ur, 69, 71, 74, 76, 77o, 79o, 86o, 87, 90, 92, 96, 97, 98, 99u, 101o, 104l, 108, 109, 110, 118-119, 120-121, 123, 127o, 127u, 134, 135o, 136, 137u, 138, 140, 145, 148u, 152o, 161ul, 167o, 177o, 178u, 182, 183o, 183ur, 185, 187u, 189, 191, 192, 201u, 202, 203, 204u, 205, 209, 216r, 217, 234, 237o, 240, 242, 243l, 244, 244-245, 246o, 248, 249o, 250-251, Buchrückseite (or, ur).
© **Courtesy of Oakland Public Library:** S. 13, 15o, 19, 37, 60o.
© **Courtesy of San Francisco Maritime National Historical Park:** S. 18, 18-19, 20-21, 23l, 24, 25, 27, 43, 45, 194-195.
© **Courtesy of Sonoma State University Library:** S. 105.
© **La Compagnie des Indes:** S. 23r, 28r, 29, 32u, 36l, 39, 41r, 49, 50, 52, 54u, 55u, 56, 57r, 67, 68ul, 70, 72, 73, 94l, 99o, 102, 103, 116u, 128u, 137o, 139, 144, 161ur, 163, 167ul, 179, 196u, 198o, 199, 206, 207, 219r, 225u, 228u, 243r, Buchrückseite (m, ul).
© **Library of Congress:** S. 31, 32o, 35, 41l, 42, 46-47, 48o, 54o, 55o, 75, 88, 89, 91u, 104, 172, 173, 178o.
© **National Archives and Record Administration:** S. 107o.
© **The Jack London Foundation:** S. 60u, 166ul.

IMPRESSUM

Titel der Originalausgabe: *Les vies de Jack London*
Erschienen bei Éditions de La Martinière SA, Paris 2016
Copyright © 2016 Éditions de La Martinière SA, Paris, Frankreich

Deutsche Erstausgabe
Copyright © 2016 von dem Knesebeck GmbH & Co. KG, München
Ein Unternehmen der La Martinière Groupe

Umschlaggestaltung: Leonore Höfer, Knesebeck Verlag
Satz: Akademischer Verlagsservice Gunnar Musan
Druck: Gorenjski tisk storitve d.o.o.
Printed in Slovenia

ISBN 978-3-86873-991-6

www.knesebeck-verlag.de

GOLDGRÄBER
IN KLONDIKE
(1897–1898)

VAGABUND IN DEN
VEREINIGTEN STAATEN
UND KANADA
(1894)

REPORTER
IN LONDON
(1902)

REISE DURCH OREGON
UND KALIFORNIEN
(1911)

SEEMANN
IN DER BUCHT
VON SAN FRANCISCO
(1891–1892)

FARMER IN
SONOMA VALLEY
(1905–1916)

AUF HAWAII
(1907–1915–1916)

KRIEGSBERICHTERSTATTER
IN MEXIKO
(1914)

REISE
DURCH ECUADOR
UND PANAMA
(1909)

AUF DER *SNARK* DURCH
POLYNESIEN UND SAMOA
(1907–1908)

REISE AUF DER *DIRIGO*
(1912)